ESPEJO

COMO TE VES, TE VEN

ALEXANDER VÁSQUEZ

ISBN: 9798338040683

Dedicatoria y agradecimientos

He experimentado la cercanía de Dios de una manera más intensa en estos últimos años. Las decisiones que he tomado, las experiencias que he vivido, y especialmente la inspiración divina, me han llevado a crear este quinto libro, "Espejo: Como te ves, te ven". Sin la guía y el aliento que recibo de lo alto, este proyecto jamás habría visto la luz.

Mi agradecimiento más profundo va primero hacia Dios, a quien debo todo y a quien ofrezco todo. También quiero dedicar este libro a mi querida madre, a mi amada esposa Carla, y a mis hijos: Alessandra, Josué, Alexa y Alessandro. Ustedes son el motor fundamental de mis logros y éxitos. Sin su amor y apoyo, muchas de las cosas que hago no tendrían sentido.

Extiendo mi gratitud a la Dra. Carmen S. Alegría, quien amablemente leyó el manuscrito y contribuyó con su valiosa opinión para la elaboración del prólogo. Su colaboración ha sido fundamental en este proceso.

A todos mis lectores, ustedes son una parte esencial de este viaje. Cada vez que toman uno de mis libros y lo leen con entusiasmo, llenan mi corazón de gratitud. Su lealtad y sus palabras de aliento han sido un rayo de luz en mi camino, guiándome en momentos de duda y dificultad. Este libro es un regalo para ustedes.

Quiero agradecer profundamente al equipo de Consul Experience, así como a mis socios Javier Serrano y Carlos García. Sin sus grandes apoyos, este logro no sería posible. Sus compromisos y pasiones se reflejan en cada página de este libro. Juntos hemos superado obstáculos y hemos creado algo hermoso.

Finalmente, deseo expresar mi más sincera gratitud a mi hermano, mi compañero de batallas durante toda la vida. Su presencia ha sido un constante apoyo para mí.

Gracias a todos.

Alexander Vásquez

Índice

Prólogo

Cuando Alex me hizo llegar una copia de su libro para escribir este prólogo, sentí desde el primer capítulo, la fuerza de su propia historia personal rezumando entre los renglones y validando cada una de sus propuestas, para conectar con nuestro auténtico potencial.

Este libro no es un ejemplar más sobre cómo alcanzar el éxito y cumplir nuestras metas. Se trata de todo un testimonio vital que invita a una introspección profunda y sincera, donde se demuestra que la verdadera transformación del ser humano es siempre desde dentro hacia afuera.

Este espejo es una metáfora poderosa porque no solo nos refleja quiénes somos, sino que nos desvela nuestra capacidad para conseguir todo lo que podemos llegar a ser.

Cada capítulo está impregnado de la humildad que surge a medida que dejamos de acumular datos y conocimiento y nos vamos acercando a la sabiduría. Esa sabiduría que solo se adquiere tras enfrentarse a todos los retos de la vida con la firme decisión de superarlos y, sobre todo, con el propósito de aprender a ser mejores personas.

Por eso, el autor nos guía como lo haría un amigo cercano nuestro que ha vivido las mismas vicisitudes que nosotros y, una vez superadas, nos alienta a avanzar con entusiasmo y empatía. Nos abre el camino para trascender más allá del personaje y saber abrazar con amor nuestro yo más profundo.

Estas páginas no son para leer una vez y después almacenar en una estantería o en el fondo de un cajón, sino que se trata de una guía que merece ser leída con el lado derecho del cerebro muy despierto y, sobre todo, con el corazón abierto. No solo nos ofrece herramientas eficaces para sentirnos más sanos y más felices, sino que nos inspira para recuperar nuestra verdadera esencia. Nos invita a descubrirnos desde una nueva mirada y conectar con la belleza que todo ser humano esconde bajo las innumerables caretas de ego.

Si buscas un estímulo para tomar las riendas de tu vida con verdadera determinación, este libro es sin duda un estupendo compañero de viaje. Cada capítulo será como mirarnos a un espejo donde ver reflejados nuestros miedos, pero también nuestros sueños, nuestros anhelos y nuestra capacidad de abrazar la incertidumbre con confianza y con amor.

Como diría mi colega y amigo, el Dr. Mario Alonso Puig, aunque todos poseamos una mina de diamantes, no todos están dispuestos a picar para extraer de la tierra aquello que es tan valioso. La pregunta clave no es si puedes ser más feliz, sino si estás dispuesto a serlo.

Te invito a zambullirte en estas páginas no tanto con el deseo de acumular conocimientos, sino de aprender a vivir de forma más plena. Es hora de sacudirnos los paradigmas y mirarnos al espejo con verdadera curiosidad.

Confío, querido lector, en que disfrutes de su lectura tanto como yo.

Dra. Carmen S. Alegría

Autora del libro "El amor es la mejor medicina"

Introducción

En múltiples ocasiones, durante mis eventos presenciales, me encuentro con preguntas que realmente me inspiran. Sin embargo, una destaca por encima de las demás: ¿Cuál es mi secreto para construir riqueza en un país ajeno al mío? Planteo esta pregunta así debido a mi origen venezolano, llegué a Estados Unidos a los 38 años con mi esposa y un hijo, y nuestro capital era de apenas 3,500 dólares. No obstante, hoy en día no puedo negar que este país se ha convertido en mi hogar. Con orgullo afirmó que esta es mi casa, sin importar mi color de piel o mi idioma materno.

Es esencial comprender qué estamos haciendo con nuestras vidas. Durante mis eventos, junto a mi socio y compañero de viaje, Carlos García, hemos tenido el privilegio de ayudar a miles de personas a descubrir su punto de partida. Todos anhelan la libertad financiera, pero ¿qué significa realmente? ¿Cómo se logra? ¿Qué pasos deben seguir? Las preguntas son incontables, provenientes de individuos tan capaces, trabajadores y honestos.

A lo largo de mi trayectoria, he aprendido que la clave para alcanzar la libertad financiera radica en entender quiénes somos y cuál es nuestro propósito. Este libro es mi testimonio, mi viaje desde Venezuela hasta Estados Unidos, un relato de superación, aprendizaje y determinación. Te invito a descubrir conmigo los secretos detrás del éxito financiero, y a explorar juntos las respuestas a esas preguntas que nos impulsan a buscar un mejor futuro.

Este contenido nació mientras recorría el camino de regreso a casa, tras un evento maravilloso en la vibrante ciudad de Milwaukee. De repente, siento una chispa encenderse dentro de mí. Es el comienzo de un nuevo libro, y la certeza de que ya no puedo contener las palabras que ansían fluir desde lo más profundo de mi ser. Qué curioso es el destino, pienso, recordando que fue mi amigo y socio,

Javier Serrano, quien siempre insistió en que debía escribir un libro. Fue con su voz de aliento que emprendí este viaje de la escritura, y mi primer libro, "El Poder de Enfrentar tus Miedos", ha conquistado corazones y mentes, superando todas mis expectativas.

Hoy, mientras miro atrás, mi corazón rebosa gratitud hacia todo mi equipo de trabajo, aquellos que laboran detrás de las cámaras, pero cuyo esfuerzo ha sido fundamental en la publicación de cuatro libros y la realización de innumerables eventos a lo largo de estos últimos tres años. A ellos, mi profundo agradecimiento por su compromiso y dedicación.

La semilla de este nuevo libro germina con la intención de responder a las decenas de preguntas, que me llegaron a mí durante aquel evento en Milwaukee. Es mi deseo que cada página escrita sea un faro, una llamada para despertar el gigante que reside en el interior de cada lector. Con cada palabra, aspiro a ofrecer alimento para el alma, herramientas para el crecimiento personal y la inspiración necesaria para afrontar los desafíos de la vida.

Que este libro sea un viaje en el que juntos exploremos las profundidades de la fortaleza interior, donde cada capítulo sea un paso más hacia el descubrimiento de la grandeza que anida en cada uno de nosotros. Porque, al final, mi mayor deseo es que estas páginas se conviertan en un eco de esperanza, motivación y transformación para todos aquellos que se aventuran a recorrerlas.

Con renovada pasión y compromiso, me dispongo a dar forma a este nuevo capítulo en mi viaje como autor. A todos aquellos que me han acompañado en esta travesía y a cada lector que se sumerja en estas líneas, les doy las gracias por ser parte de este emocionante viaje.

Alexander Vásquez

Capítulo 1: Despertar del Ser Interior

"El objetivo no está siempre destinado a ser alcanzado, a menudo sirve simplemente como una meta a la cual hay que apuntar".

Bruce Lee

Enfocados en los proyectores mentales, podríamos creer que estamos realmente en el mundo exterior, pero en realidad, todo lo experimentamos a través de nuestra mente. Para ilustrarlo, podemos analizar cómo funciona nuestra percepción visual: la luz se filtra a través de la lente ocular, se invierte y llega a la parte posterior del globo ocular. Sin embargo, los fotorreceptores solo captan una porción limitada del espectro lumínico. Estos impulsos eléctricos se transmiten al nervio óptico y finalmente al córtex visual del cerebro, donde se intenta dar sentido a la información. Pero esta imagen no es puramente visual; está influenciada por nuestro estado emocional, hábitos y experiencias pasadas, desde la infancia. Así, junto con la representación visual, se mezclan nuestras inclinaciones culturales y emocionales para interpretar lo que vemos.

Es esencial explorar nuestra esencia interna y comprender cómo funciona nuestra mente, ya que nuestra percepción del mundo está influenciada por ella. Al descubrir cómo procesamos la información sensorial, desde la luz que llega a nuestros ojos hasta la interpretación en el cerebro, nos damos cuenta de que nunca experimentamos la realidad de manera pura. Este conocimiento nos lleva a comprender que nuestra experiencia del mundo es una proyección de nuestra mente, no la realidad objetiva.

Al comprender esto, nos damos cuenta de la importancia de despertar nuestro ser interior y conocernos realmente. Solo al hacerlo podemos modelar conscientemente nuestros filtros mentales, desechando lo negativo y ajustándose para reflejar nuestra verdadera identidad. Este proceso nos permite influir en cómo interpretamos y experimentamos el mundo, permitiéndonos descartar lo perjudicial y cultivar lo que nos acerca a nuestro ideal de ser.

A partir de lo anteriormente detallado, es que nos adentraremos en un viaje de autoexploración y crecimiento personal. A través de prácticas de reflexión diaria, exploración de valores y creencias, autoevaluación de fortalezas y debilidades, así como el cultivo de la meditación y el mindfulness, descubriremos las herramientas necesarias para alcanzar una mayor comprensión de nosotros mismos y de nuestras aspiraciones en la vida. Este capítulo te invita a dedicar tiempo cada día para profundizar en tus pensamientos, emociones y experiencias, con el objetivo de alcanzar una mayor autenticidad y alineación con tu verdadero ser interior. Prepárate para embarcarte en un viaje de autoconocimiento y transformación personal.

Transformando vidas a través de la reflexión

En el histórico discurso de Martin Luther King en Washington, a los pies del monumento a Lincoln, podemos ver un poderoso ejemplo de cómo un líder puede movilizar a las masas y despertar conciencias en torno a una causa fundamental: la lucha por los derechos civiles en Estados Unidos.

Imagínate el escenario: más de doscientos mil defensores de la justicia racial reunidos en un acto sin precedentes, esperando escuchar las palabras de un hombre cuya voz resonaba en los corazones de millones en todo el mundo. Con una potencia vocal que trascendía las barreras físicas, Martin Luther King capturó la atención de la multitud desde el primer instante.

Pero no fue solo su voz lo que conmovió a la audiencia. Fue su pasión, su convicción ardiente y su profundo compromiso con la causa lo que realmente cautivó a todos los presentes. King no solo hablaba de justicia; él encarnaba la esperanza de un futuro mejor, donde la discriminación racial sería cosa del pasado y la igualdad sería una realidad palpable para todos.

Utilizando recursos retóricos magistrales, King mezcló frases e ideas con la finalidad de originar un manto de metáforas y anáforas, que pintaban vívidamente la realidad de la injusticia racial en Estados Unidos. Sus palabras resonaban en los corazones de todos los presentes, recordándoles la urgencia de la situación y la necesidad imperiosa de actuar.

Pero lo más impactante de todo fue el momento culminante del discurso, cuando él proclamó con fuerza y determinación: "¡Tengo un sueño!" En ese instante, la multitud quedó en silencio, absorbida por la emoción y la esperanza que emanaba de las palabras del líder visionario. Era como si en ese preciso momento, todos compartieran ese mismo sueño de igualdad y justicia para todos.

El discurso de este gran líder, no solo fue un llamado a la acción, sino también un recordatorio poderoso de la capacidad del ser humano para superar la adversidad y luchar por lo que es justo. Fue un ejemplo inspirador de cómo un luchador enfocado, puede utilizar su voz y su pasión para hacer reflexionar a las personas sobre una problemática y motivarlas a actuar en busca del cambio.

La práctica de la reflexión diaria

En fáciles palabras esto solo se refiere a dedicar un tiempo específico, cada día, para revisar y analizar nuestros pensamientos, emociones y experiencias. Es un momento íntimo y tranquilo en el que nos permitimos conectar con nuestro ser interior, explorar nuestras motivaciones y entender mejor quiénes somos y qué queremos en la vida. Han pasado varios años desde que recuperé mi identidad y aunque no fue un proceso difícil, debo confesar que la situación en la que me encontraba lo hizo más fácil, estar encerrado en una celda y acusado de un delito que no cometí, sumado a ver como muchas personas que consideraba parte de mis amigos me dieron la espalda e incluso algunos familiares, fueron motivos suficientes para decidir en que enfocarme y allí pude ver hombres entrar y salir de aquella prisión, en la que estuve por casi 4 años, y donde aprendí a conocerme, muchos entraban y se convertían en sus peores versiones, logrando dar cabida a la evolución de sus demonios y pensamientos mas débiles, otros al igual que yo, lograron entender el proceso que debíamos pasar, mi caso no fue diferente al de muchas personas que resurgen de las cenizas luego de una crisis sentimental, emocional o una enfermedad, considero que el dolor viene como una gran oportunidad de abrir los ojos de la conciencia y es desde allí donde encontramos nuestra verdadera libertad, era el año 2007 cuando entendí en medio de lágrimas y súplicas lo que tenía que hacer y a pesar de tener una condena de 15 años de prisión, y ya sabía que mi única oportunidad de salir de allí sería para el 2012, pero irónicamente el haberme enfocado en mi crecimiento y desarrollo personal, me ayudó a lograr acortar el tiempo, logrando salir de la cárcel en 2008.

Las ventajas de la reflexión diaria son numerosas y significativas. En primer lugar, nos brinda la oportunidad de desarrollar una mayor conciencia de nosotros mismos. Al examinar regularmente nuestros pensamientos y emociones, podemos identificar patrones de comportamiento, creencias arraigadas y áreas de mejora. Esta autoconciencia nos permite tomar decisiones más conscientes y alineadas con nuestros valores y objetivos personales y profesionales.

Además, la reflexión diaria fomenta el crecimiento personal y el desarrollo profesional. Al entender mejor nuestras fortalezas y debilidades, podemos enfocar nuestros esfuerzos en áreas específicas de mejora. Nos ayuda a reconocer nuestras habilidades y talentos únicos, así como a identificar oportunidades para crecer y desarrollarnos tanto en el ámbito personal como en el profesional, muchos me han preguntado el porqué otros no logran sus metas y aquí la respuesta, se debe a que se distraen con mucha facilidad y jamás lograrán enfocarse, hasta no entender el propósito de su vida y encontrar su punto de partida. Son miles de personas a las que he conocido durante mis conferencias y programas de transformación y lo único que hago con ellos es ayudarles a encontrar su propósito y ese potencial ilimitado que todos traemos dentro, incluso tú querido lector.

Otra ventaja importante es su capacidad para mejorar nuestra efectividad de toma de decisiones. Al examinar nuestras experiencias pasadas y evaluar cómo han influido en nuestras vidas, podemos aprender lecciones valiosas que nos ayudarán a tomar decisiones más acertadas en el futuro. Esta práctica nos permite evaluar los resultados de nuestras acciones y ajustar nuestra estrategia según sea necesario.

Existen diversas estrategias que podemos emplear para realizar una reflexión personal efectiva. Una de ellas es llevar un diario de reflexión, donde anotamos nuestros pensamientos, emociones y experiencias del día. Esta práctica nos permite revisar y analizar nuestros registros con regularidad, identificar patrones y tendencias, y obtener una visión más clara de nuestro estado emocional y mental, actualmente tengo más de 20 diarios llenos de ideas, metas, pensamientos y actividades planificadas para lograr cada uno de mis objetivos, es por eso que usando estas técnicas he logrado llegar a ser quien soy hasta la fecha y seguiré usando esta maravillosa técnica por el resto de mi vida.

Otra estrategia útil es la meditación y el mindfulness. Estas prácticas nos ayudan a calmar nuestra mente y a centrarnos en el momento presente, lo que facilita la reflexión profunda y la introspección. Al dedicar unos minutos cada día a meditar y practicar la atención plena, podemos cultivar una mayor claridad mental y una mayor conexión con nosotros mismos. No pienso decirte que es fácil, ya que al comienzo no lograrás concentración ni mucho menos el enfoque, pero al igual que aprendiste otras cosas, también lograras esta con práctica y repetición.

El aspecto negativo de no realizar esta práctica es que podemos perdernos la oportunidad de crecer y desarrollarnos como individuos. Sin la reflexión diaria, corremos el riesgo de vivir de manera automática, sin prestar atención a nuestras necesidades, deseos y valores más profundos. Esto puede llevar a una sensación de insatisfacción y desconexión con nosotros mismos, así como a decisiones impulsivas o poco efectivas, que no están alineadas con nuestros objetivos a largo plazo, este es un punto muy importante y es uno de los más comunes que encuentro en todas y cada una de mis conferencias, he conocido personas de diferentes países, culturas e incluso creencias y todos tienen el mismo problema, mucho talento y pocos resultados, gente hermosa de corazón pero con un gran vacío en sus logros y metas.

El camino hacia la autenticidad a través de nuestros valores

La gran mayoría de nosotros hemos conocido la lucha de Mahatma Gandhi, un hombre cuya vida estuvo impregnada de un profundo sentido de valores y una conexión intrínseca entre estos y sus metas de vida. Gandhi, conocido por su lucha pacífica por la independencia de la India y su defensa de la no violencia, encarna la importancia de vivir de acuerdo con nuestros valores más profundos.

Él mismo entendió que para alcanzar sus objetivos más elevados, primero debía comprender y honrar sus principios fundamentales. Su compromiso con la verdad, la no violencia, la humildad y la igualdad guiaron todas sus acciones y decisiones. Esta conexión entre sus valores y sus logros de vida, no sólo le proporcionó claridad y dirección, sino también un profundo sentido de propósito y realización.

Aunque puede parecer exigente determinar nuestros valores de manera rápida y precisa, existe un método simple, pero efectivo que podemos utilizar para descubrirlos y vincularlos con nuestras metas de vida, método que he utilizado en cada uno de mis proyectos y acá quiero que lo aprendas y practiques. En este punto quiero que te replantees cuantas páginas quieres leer diariamente de este libro donde más adelante encontrarás mis secretos y lo que hice al llegar a los Estados Unidos, es muy importante que disfrutes de cada sección y de ser posible, toma apuntes o usa estas páginas para ir marcando las acciones más resaltantes.

Es para mí muy útil tomarse un tiempo para reflexionar sobre nuestras experiencias pasadas y las situaciones en las que nos hemos sentido más auténticos y realizados. ¿Qué actividades o momentos te han traído una sensación de profundo significado y satisfacción? Estos momentos pueden ofrecer pistas importantes sobre cuáles son tus valores subyacentes.

Además, podemos realizar una lista de aquellas cualidades y principios que consideramos más importantes en la vida. Esto puede incluir valores como la honestidad, la integridad, la compasión, la creatividad, la libertad, entre otros. Al identificar los valores que resuenan más profundamente con nosotros, podemos comenzar a comprender qué es lo que realmente nos importa y nos motiva en la vida.

Una vez que hayamos identificado nuestros valores, es importante reflexionar sobre cómo estos se relacionan con nuestras metas de vida. ¿Cómo pueden nuestros valores fundamentales informar y dar forma a nuestras aspiraciones y objetivos? Por ejemplo, si valoramos la creatividad y la expresión artística, nuestras metas de vida pueden incluir el desarrollo de una carrera en las artes o la exploración de nuevas formas de expresión creativa.

Además, es importante asegurarnos de que nuestro propósito de vida esté alineado con nuestros valores más profundos. Si nuestras metas entran en conflicto con nuestros principios fundamentales, es probable que experimentemos un conflicto interno y una falta de satisfacción y realización. Por lo tanto, es relevante evaluar regularmente nuestras metas y asegurarnos de que estén en armonía con nuestros valores más profundos.

¿Qué pasa cuando no logramos alinear metas con nuestros valores?

El autosaboteo en el logro de nuestro propósito de vida llega a surgir cuando nuestros valores no están alineados con nuestras metas y aspiraciones. Cuando nuestros principios fundamentales entran en conflicto con nuestras metas, es seguro que experimentemos una serie de barreras internas que dificultan nuestro progreso y nos impiden alcanzar el éxito deseado.

Una forma en que esta actitud puede manifestarse es a través de la procrastinación y la falta de automotivación. Si esos objetivos no están vinculados con nuestros valores más profundos, es posible que nos encontremos posponiendo constantemente las acciones necesarias para alcanzar esos logros. Esto puede deberse a un sentimiento de desalineación interna, donde nuestro yo inconsciente sabotea nuestros esfuerzos conscientes en un intento de proteger nuestros valores y principios fundamentales.

Otro síntoma común de autosaboteo es la autoduda y la falta de confianza en uno mismo. En estos casos, es posible que comencemos a cuestionar nuestras habilidades y capacidades para alcanzar esas metas. Podemos sentirnos paralizados por el miedo al fracaso o la percepción de que nuestras metas no están en sintonía con quiénes somos realmente.

Además, el autosaboteo puede manifestarse a través de patrones de comportamiento autodestructivos. Por ejemplo, podemos encontrarnos saboteando activamente nuestras propias oportunidades de éxito, ya sea subconscientemente boicoteando nuestras relaciones profesionales o tomando decisiones que sabemos que no son beneficiosas para nuestro crecimiento personal y profesional. ¿Cuántas veces has intentado leer un libro y lo has dejado a medias? ¡Mira cómo has aumentado tu poder de lectura, eso es motivo de celebración! Tal vez compraste mis otros libros y tampoco los terminaste, pero en esta ocasión te aseguro que no solo terminarás este, sino que también podrás leer otros y dejarás de procrastinar.

El autosaboteo también puede surgir en forma de evitación o negación. En lugar de enfrentar de manera proactiva los desafíos y obstáculos que se presentan en nuestro camino hacia nuestras metas, podemos optar por ignorarlos o evitarlos por completo. Esto puede ser una forma de protegernos del dolor y la incomodidad que acompañan al enfrentamiento de nuestras propias contradicciones internas.

En fin, el autosaboteo en el logro de nuestro propósito de vida ocurre cuando nuestros valores no están alineados. Aunque podemos lograr cierto nivel de éxito superficial, es posible que no experimentemos una verdadera sensación de plenitud y realización si esas acciones no están en armonía con nuestros principios más profundos.

Para evitar esta situación, es importante tomar el tiempo para reflexionar sobre nuestros valores fundamentales y asegurarnos de que estén acordes a nuestras aspiraciones. Al honrar y vivir de acuerdo con nuestros valores más profundos, podemos eliminar las barreras internas que nos impiden alcanzar nuestro verdadero potencial y experimentar una vida de autenticidad, propósito y satisfacción.

Potenciando fortalezas y superando debilidades

En un pequeño estudio en la ciudad de Viena, en el año 1781, un joven músico, de apenas 25 años de edad, llamado Wolfgang Amadeus Mozart, estaba decidido a alcanzar la grandeza en el mundo de la música. Sin embargo, su camino hacia el éxito estaría lleno de obstáculos que debía superar.

Mozart provenía de una familia de músicos, y desde temprana edad mostró un talento prodigioso para la composición y el piano. Pero su genio no fue reconocido de inmediato. A pesar de su habilidad innata, enfrentó la dura realidad de la competencia en el complejo mundo musical de la Viena del siglo XVIII.

Después de varios reveses y fracasos, en lugar de rendirse, Mozart intensificó su dedicación. Pasaba largas horas estudiando partituras, practicando incansablemente el piano y perfeccionando su técnica de composición. Incluso en los momentos más difíciles, cuando la adversidad parecía aplastarlo, él se aferraba a su sueño con una determinación inquebrantable.

Finalmente, en 1782, su perseverancia dio sus frutos. Cuando estrenó su ópera "Die Entführung aus dem Serail" ("El rapto en el serrallo") con un éxito rotundo en Viena. Este fue solo el comienzo de una carrera legendaria que lo llevaría a convertirse en uno de los compositores más influyentes de todos los tiempos, gracias al haber identificado y desarrollado su fortaleza musical.

En el contexto profesional, comprender nuestras fortalezas y debilidades se torna esencial para nuestro desarrollo y logro de metas. La autoevaluación, como proceso introspectivo, nos permite reconocer estas características y nos proporciona la oportunidad de mejorarlas. Exploraremos la relevancia de este proceso, cómo identificar nuestras capacidades y áreas de mejora, cómo emplearlas para impulsar nuestra carrera y el papel fundamental de la autorreflexión, la retroalimentación y el aprendizaje constante.

En el ámbito laboral, la autoevaluación se destaca como un ejercicio que nos permite analizar nuestra actuación de manera objetiva y crítica. Al identificar nuestras habilidades y limitaciones, tenemos la oportunidad de crecer y evolucionar profesionalmente. Al reconocer nuestras fortalezas, podemos emplearlas para destacarnos en nuestro entorno laboral. Por otro lado, identificar nuestras debilidades nos brinda la posibilidad de mejorarlas y convertirlas en activos, en mi caso, algo que aprendí de uno de mis mentores, fue el contratar personas que fueran capaces de cubrir mis debilidades y aprender de ellos.

Las fortalezas profesionales abarcan una amplia gama de habilidades y conocimientos que nos destacan en nuestro campo laboral. Pueden ser habilidades técnicas o competencias interpersonales. Para identificar estas capacidades, debemos reflexionar sobre nuestras experiencias previas y solicitar retroalimentación de colegas o superiores de confianza.

Identificar nuestras debilidades puede resultar muy exigente, ya que solemos resistirnos a reconocer nuestras áreas de mejora. Sin embargo, es fundamental enfrentar estas limitaciones para crecer profesionalmente. Reflexionar sobre nuestras habilidades y solicitar retroalimentación honesta, son pasos clave en este proceso.

Una vez identificadas nuestras fortalezas, es fundamental utilizarlas estratégicamente para impulsar nuestra carrera. Esto implica buscar oportunidades que nos permitan poner en práctica estas habilidades y asumir roles que nos desafíen y permitan un mayor crecimiento.

Trabajar en nuestras debilidades es igualmente importante. Podemos hacerlo mediante la participación en programas de capacitación, buscando la orientación de mentores y estableciendo metas personales de desarrollo.

La autorreflexión juega un papel crucial en la autoevaluación. Nos permite analizar nuestro propio desempeño y comportamiento, identificar áreas de mejora y celebrar nuestros logros. Asimismo, establecer metas de desarrollo basadas en nuestras fortalezas y debilidades nos ayuda a mantener el enfoque y seguir avanzando en nuestra carrera.

La retroalimentación externa es fundamental en este proceso, ya que nos proporciona información valiosa sobre nuestro desempeño y áreas de mejora. Mantener una mentalidad de crecimiento nos permite adaptarnos a los cambios del mercado laboral y seguir aprendiendo y creciendo a lo largo de nuestra carrera.

Evaluando tu diálogo interno

¿Sabías que la forma en que nos hablamos a nosotros mismos tiene un impacto profundo en nuestra vida? El diálogo interno, también conocido como "auto charla" o "pensamientos automáticos", es una voz poderosa en nuestra mente que puede definir nuestra percepción del mundo y de nosotros mismos, la primera vez que oí de este tema fue en una iglesia a través de un mensaje que decía "La palabra tiene poder" luego cuando comencé a estudiar e investigar más a fondo sobre el tema, descubrí que su poder es tan grande que podemos crear desde la palabra.

El psicoterapeuta cognitivo Albert Ellis y el psiquiatra Aaron Beck nos han brindado una visión invaluable sobre este fenómeno. Beck prefiere el término "pensamientos automáticos" porque describe cómo experimentamos estos pensamientos como un reflejo, sin reflexión previa, y los consideramos válidos sin cuestionamiento.

A menudo, nos hablamos a nosotros mismos de manera muy diferente a como lo hacemos con los demás. Mientras que con otros describimos los eventos de manera racional, podemos dirigirnos a nosotros mismos con autocrítica y desprecio.

Es esencial comprender que la forma en que nos hablamos a nosotros mismos moldea nuestra identidad y afecta nuestra salud mental y emocional. Si nos hablamos con desprecio y dudamos de nuestro potencial, nos convertimos en nuestros peores enemigos. El bienestar incluye tratarnos con amor y respeto, incluso en nuestra auto charla.

Nuestro diálogo interno tiene un impacto directo en nuestro cerebro. Las palabras que nos decimos a nosotros mismos pueden fortalecer áreas cerebrales que nos ayudan a manejar el estrés, regular nuestro estado de ánimo y resolver problemas. Por otro lado, la auto charla negativa puede debilitarnos y llevarnos a estados emocionales perjudiciales, una de las cosas por las que estaré eternamente agradecido con el Dr. Mario Alonzo Puig, es su forma de enseñarme la importancia sobre el diálogo interno y la forma de cuidar y cultivar mis pensamientos, nunca terminamos de aprender cuando entendemos que el aprendizaje es infinito.

El investigador Lev Vygotsky se preguntó si nuestro cerebro utiliza los mismos mecanismos para el habla en voz alta y en silencio. Estudios han demostrado que las áreas cerebrales activadas durante el diálogo interno son similares a las utilizadas en la comunicación verbal.

Es importante ser conscientes de cómo nuestro diálogo interno afecta nuestra salud mental. Charles Fernyhough, psicólogo de la Universidad de Durham, reveló que generamos cerca de 4,000 palabras por minuto en nuestra auto charla, diez veces más rápido que cuando hablamos en voz alta.

Por otra parte, investigaciones realizadas por John H. Krystal, de la Universidad de Yale, han demostrado cómo el diálogo interno negativo puede debilitar nuestras estructuras neuronales y hacernos más vulnerables al estrés. Este tipo de conversación alimenta la ansiedad y la depresión, creando un ciclo perjudicial para nuestra salud mental.

Si bien estamos programados para prestar atención a lo negativo, podemos entrenar nuestra mente para enfocarse en lo positivo. Nuestro diálogo interno puede ser una herramienta poderosa para cultivar una actitud positiva y mejorar nuestra salud mental y emocional.

Una guía para hablarte a ti mismo con positividad

El diálogo interno es una conversación constante que tenemos con nosotros mismos, influyendo en nuestra percepción del mundo y en nuestra autoestima. Sin embargo, muchas veces esta tiende a ser crítica y negativa, lo que puede afectar nuestra salud mental y emocional, como pudimos apreciar anteriormente.

A partir de ahora, te brindaré un paso a paso para cambiar tu diálogo interno y cultivar una relación más positiva contigo mismo. Aprenderás a identificar pensamientos negativos, cuestionarlos y transformarlos en afirmaciones positivas.

1. Conciencia de tus pensamientos: El primer paso para cambiar tu diálogo interno es ser consciente de tus pensamientos. Observa cómo te hablas a ti mismo en diferentes situaciones y reconoce si tus palabras son positivas o negativas.
2. Identificar pensamientos negativos: Identifica los pensamientos negativos que surgen en tu mente. Estos pueden ser autocríticas, dudas sobre tus habilidades o preocupaciones sobre el futuro. Reconocer estos pensamientos es el primer paso para cambiarlos.
3. Cuestiona tus pensamientos: Una vez identificados los pensamientos negativos, cuestionarlos. ¿Son realmente

ciertos? ¿Hay evidencia que respalde estos pensamientos? Muchas veces, nuestros pensamientos negativos son exageraciones o distorsiones de la realidad.

4. Reformula tus pensamientos: Una vez que hayas cuestionado tus pensamientos negativos, modificarlos a lo positivo. En lugar de decirte a ti mismo "No puedo hacer esto", cámbialo por "Puedo enfrentar este desafío con determinación y habilidad".

5. Practica la gratitud: Incorpora la gratitud en tu diálogo interno. Agradece por tus habilidades, tus logros y las cosas positivas en tu vida. Esto te ayudará a cambiar tu enfoque hacia lo positivo y a cultivar una actitud de aprecio.

6. Afirma tu valía: Reconoce tu valía y tus cualidades positivas. En lugar de enfocarte en tus debilidades, reconoce tus fortalezas y celebra tus éxitos, por pequeños que sean.

7. Visualiza el éxito: Utiliza la visualización para imaginar el éxito y la realización de tus metas. Visualízate a ti mismo alcanzando tus objetivos y sintiendo satisfacción y alegría por tus logros.

8. Practica el autocuidado: Recuerda que cuidar tu mente y tu cuerpo es fundamental para mantener un diálogo interno positivo. Dedica tiempo para el descanso, la relajación, el ejercicio y otras actividades que te nutran y te hagan sentir bien contigo mismo.

9. Persiste y sé compasivo contigo mismo: Cambiar tu conversación interna lleva tiempo y práctica. Sé compasivo contigo mismo y reconoce que es un proceso continuo. Persiste en tu esfuerzo por hablar contigo mismo de manera positiva y recuerda que cada paso que das te acerca más a una mente más saludable y feliz.

Siguiendo estos pasos, puedes transformar tu diálogo interno y cultivar una actitud más positiva hacia ti mismo y hacia la vida en general. Recuerda que el poder de tus palabras internas puede influir en tu bienestar y en tu capacidad para enfrentar los desafíos con confianza y determinación.

Profundizando en el poder transformador de la meditación y el mindfulness

La meditación y el mindfulness han ganado una creciente popularidad en los últimos años debido a sus numerosos beneficios para la salud mental y emocional. Estas prácticas ancestrales, originarias de tradiciones como el budismo, han demostrado ser herramientas poderosas para cultivar la calma, mejorar la atención y promover una mayor conciencia de uno mismo y del entorno.

En un mundo caracterizado por la constante estimulación y distracción, la meditación y el mindfulness ofrecen una dosis de calma y serenidad. Al dedicar tiempo cada día a estas prácticas, nos permitimos desconectar del ajetreo de la vida cotidiana y conectarnos con nuestro ser interior.

Una de las principales ventajas de la meditación y el mindfulness es su capacidad para calmar la mente. En un estado meditativo, nos alejamos de los pensamientos frenéticos y preocupaciones del día a día, y nos incorporamos a un estado de paz y tranquilidad. Esto no solo nos permite reducir el estrés y la ansiedad, sino que también mejora nuestra capacidad para manejar las emociones difíciles y encontrar un sentido de equilibrio interior.

Además de calmar la mente, esta práctica también es efectiva para mejorar la atención y la concentración. Al efectuar la atención plena, entrenamos nuestra mente para enfocarse en el momento presente y dejar de lado las distracciones. Esto nos ayuda a ser más eficientes en nuestras tareas diarias, a tomar decisiones más conscientes y a estar más presentes en nuestras interacciones con los demás.

Otro aspecto clave es su capacidad para aumentar la conciencia de uno mismo y del entorno. Al estar más presentes en el momento actual, nos volvemos más conscientes de nuestros pensamientos, emociones y sensaciones corporales. Esto nos permite identificar patrones de comportamiento, entender mejor nuestras necesidades y deseos, y cultivar una mayor compasión hacia nosotros mismos y hacia los demás.

Integrar estas actividades en nuestra rutina diaria puede parecer un reto grande al principio, pero con la práctica regular, estos hábitos se vuelven cada vez más naturales y gratificantes. Algunas formas de incorporar estas prácticas en nuestra vida diaria incluyen dedicar unos minutos cada mañana para meditar, practicar la atención plena durante las actividades cotidianas como comer o caminar, y participar en clases o grupos de meditación.

Es importante señalar que la meditación y el mindfulness no son solo actividades pasivas, sino que requieren un compromiso activo y una mente abierta. Al embarcarnos en este viaje de autoexploración y crecimiento personal, es importante mantener una actitud de curiosidad y apertura, sin juzgar nuestras experiencias o expectativas.

Además, estas acciones llegan a traer beneficios tangibles en nuestra salud física, como la reducción de la presión arterial, el fortalecimiento del sistema inmunológico y la mejora del sueño. Al cuidar nuestra salud mental y emocional, también estamos beneficiando nuestro bienestar general y calidad de vida.

Parte de mi crecimiento personal

Quiero contarles una historia de mis inicios. Puede que, si no me conoces desde mi juventud, puedas asombrarte de los cambios que he tenido en mis últimas dos décadas. Y en gran parte, se debe a la aplicación de estas técnicas. Hoy celebro haber logrado vencer el miedo, las creencias limitantes, la ira; en fin, muchas áreas de mi vida que antes me mantenían en una zona donde las personas correctas para cumplir mi propósito jamás llegarían.

Desde que descubrí el poder de la palabra y la conexión con ese ser superior que habita dentro de cada uno de nosotros, mis cambios fueron acelerados. Pasé de ser un niño rebelde en un cuerpo de hombre a convertirme en esto que quizás ya tú conoces. Por esa razón, en este libro seguiré dándote las estrategias, técnicas y herramientas que utilicé para pasar de ser una oveja negra a un león.

Método V.I.V.E.R.

Cada uno de estos aspectos vistos, son fundamentales para alcanzar el éxito y la riqueza, no solo en términos materiales, sino también en el desarrollo personal y la realización plena. A continuación, te detallo los puntos más representativos, junto con un paso a paso para que puedas implementarlos en tu vida.

V - Visión

La visión es el punto de partida para alcanzar cualquier éxito. Tener una visión clara de lo que deseas lograr en la vida es esencial. Esta debe ser específica, emocionante y algo que realmente deseas con pasión. La misma actúa como un imán que te atrae hacia tus metas y te mantiene enfocado a pesar de los obstáculos.

Paso a Paso para Implementarlo:

- Reflexiona sobre tus deseos: Tómate un tiempo para pensar en lo que realmente quieres en la vida. Pregúntate: ¿Qué me haría sentir realizado? ¿Qué legado quiero dejar?
- Escribe tu visión: En un papel, describe con detalle cómo se vería tu vida ideal en todas las áreas: financiera, personal, profesional, familiar, etc. Sé lo más específico posible.

- Crea un mapa visual: Utiliza imágenes, palabras y frases que representen tu visión y colócalas en un lugar visible para que te inspiren diariamente.
- Visualiza diariamente: Dedica al menos 5-10 minutos cada día a imaginarte viviendo esa visión. Siente las emociones asociadas con haber alcanzado esas metas.

I - Identificación

Es fundamental identificar las creencias y pensamientos limitantes que pueden estar saboteando tu éxito. Estas creencias suelen ser inconscientes, pero tienen un gran impacto en nuestras acciones y decisiones. Hay que saber que muchas personas fracasan porque sus pensamientos están plagados de dudas y temores.

Paso a Paso para Implementarlo:

- Haz un autoanálisis: Piensa en las áreas donde sientes que no estás alcanzando tu potencial. ¿Qué pensamientos o creencias surgen cuando piensas en estas áreas?
- Anota tus creencias limitantes: Escribe todas las creencias negativas que identificas, por ejemplo: "No soy lo suficientemente bueno", "El dinero es difícil de ganar".
- Explora su origen: Pregúntate de dónde vienen esas creencias. ¿Las aprendiste de tus padres, de la sociedad, de experiencias pasadas?
- Reconoce su impacto: Reflexiona sobre cómo estas creencias han influido en tus decisiones y resultados hasta ahora.

V - Validación

Una vez identificadas las creencias limitantes, es necesario cuestionarlas y reemplazarlas por creencias que te empoderen. Es importante saber que nuestra mente tiene un poder ilimitado, y lo que creemos afecta directamente nuestra capacidad para actuar y lograr el éxito.

Paso a Paso para Implementarlo:

- Cuestiona tus creencias limitantes: Pregúntate, ¿es realmente cierto lo que creo? ¿Hay alguna evidencia de lo contrario?
- Busca ejemplos contrarios: Encuentra personas o situaciones que contradigan tus creencias limitantes. Por ejemplo, si crees que "no puedes tener éxito porque no tienes un título universitario", busca historias de personas que lograron el éxito sin uno.
- Escribe afirmaciones positivas: Redacta afirmaciones que contrarresten tus creencias limitantes, por ejemplo: "Soy capaz de lograr todo lo que me propongo", "El dinero viene a mí fácilmente y con frecuencia".
- Repite las afirmaciones diariamente: Di tus afirmaciones en voz alta cada mañana y noche, sintiéndolas como si ya fueran verdad.

E - Ejecución

La ejecución es donde conviertes tus sueños y creencias en realidad. Es fundamental tener un plan de acción detallado y ser persistente en su ejecución. La clave está en la disciplina y en tomar acciones consistentes que te acerquen a tus metas.

Paso a Paso para Implementarlo:

- Divide tu visión en metas: Establece metas a corto, mediano y largo plazo que se alineen con tu visión.
- Escribe un plan de acción: Define las acciones específicas que necesitas tomar para alcanzar cada meta. Sé detallado en cuanto a los recursos, tiempo y pasos necesarios.

- Prioriza tus tareas: Clasifica las tareas según su importancia y urgencia. Enfócate en las actividades que tendrán el mayor impacto en tus objetivos.
- Establece un calendario: Asigna fechas límite para cada tarea y comprométete a cumplirlas.
- Actúa diariamente: Cada día, haz al menos una cosa que te acerque a tus metas. La consistencia es clave.

R - Revisión

Debes enfatizar en la importancia de revisar y ajustar continuamente tu progreso. Este proceso te permite mantenerte en el camino correcto y adaptar tu plan según las circunstancias. La revisión constante asegura que no te desvíes de tu propósito y que sigas avanzando.

Paso a Paso para Implementarlo:

- Establece un hábito de revisión: Dedica tiempo cada semana para evaluar tu progreso. Pregúntate: ¿He avanzado hacia mis metas? ¿Qué obstáculos encontré?
- Revisa tus creencias: Analiza si has vuelto a caer en viejas creencias limitantes. Refuerza tus afirmaciones si es necesario.
- Ajusta tu plan: Si encuentras que algunas estrategias no están funcionando, ajústalas. Sé flexible pero mantén el enfoque en tu visión final.
- Celebra tus logros: Reconoce y celebra cada paso adelante, por pequeño que sea. Esto fortalecerá tu motivación y te recordará que estás en el camino correcto.
- Recalibra tu visión si es necesario: A medida que creces y logras, puede que tu visión evolucione. No tengas miedo de ajustarla para que siga siendo un faro que te inspire.

Capítulo 2: Cultivando una mentalidad positiva

"Nunca pienso en las consecuencias de fallar un gran tiro. Cuando se piensa en las consecuencias, se está pensando en un resultado negativo".

Michael Jordan

La semilla del pensamiento positivo germinó en el movimiento del Nuevo Pensamiento en el siglo XIX en Estados Unidos, donde se afirmaba que la mente tenía el poder de dar forma a la realidad. Desde entonces, autores como Ralph Waldo Emerson y Mary Baker Eddy comenzaron a difundir esta idea, inicialmente ligada a la curación espiritual y la religión.

Con el paso del tiempo, estas ideas se secularizaron y se expandieron hacia áreas más amplias de la autoayuda y el desarrollo personal. En el siglo XX, el pensamiento positivo se popularizó aún más con obras como "El poder del pensamiento positivo" de Norman Vincent Peale, que resonó en millones de personas y planteó la idea de que pensar de manera positiva podría ayudar a superar obstáculos y alcanzar metas.

A lo largo de las décadas, este ha sido promovido por líderes de la autoayuda como Tony Robbins y Louise Hay, quienes aseguran que puede mejorar todos los aspectos de la vida, desde la salud hasta las relaciones personales. Este enfoque ha permeado diversos campos, desde la psicología hasta el mundo empresarial, con figuras como Dale Carnegie y sus cursos de desarrollo personal y profesional desempeñando un papel fundamental en su difusión.

Sin embargo, a medida que el pensamiento positivo ha ganado terreno en la cultura popular, también ha surgido la preocupación por sus posibles efectos negativos. Adoptar una mentalidad positiva de manera inflexible puede llevar a negar la realidad o a ignorar los problemas reales que enfrentamos. Además, la idea de suprimir las emociones consideradas "negativas" puede ser poco realista y, en última instancia, perjudicial para nuestra salud mental.

Barbara Ehrenreich, autora de "Sonríe o muere: La trampa del pensamiento positivo", ha alertado sobre los peligros de esta mentalidad simplista y ha abogado por un enfoque más realista y centrado en aceptar la realidad tal como es.

La alternativa al pensamiento positivo no es adoptar una mentalidad negativa, sino abrazar el realismo. Significa aceptar la realidad, comprenderla y tomar medidas concretas para cambiar lo que se puede cambiar. Evitar caer en la trampa del pensamiento mágico nos permite enfrentar los desafíos con claridad y determinación, en lugar de negarlos o evadirlos. En última instancia, es el realismo el que nos guía hacia una vida equilibrada y plena.

Mi misión a partir de ahora es brindarte conocimientos que te ayuden a reforzar el pensamiento positivo, manteniendo siempre tu conexión con el mundo real. Por eso, vamos a explorar cómo incorporar afirmaciones positivas, visualización creativa y práctica de gratitud diaria en tu rutina para elevar tu pensamiento hacia el optimismo y el éxito. Aprenderás a reforzar mensajes positivos en tu mente, atraer experiencias optimistas a tu vida y cambiar el enfoque de tu mente hacia lo positivo. ¿Listo para empezar a cultivar una mentalidad positiva y atraer más abundancia y felicidad en tu vida?

Transforma tu mentalidad con la afirmación positiva

La Dra. Caroline Leaf, una destacada investigadora cerebral sudafricana con más de 25 años de experiencia en el campo, afirma que entre el 87% y el 95% de las enfermedades que enfrentamos en la actualidad son el resultado directo de nuestra actividad mental. Sostiene que nuestros pensamientos tienen un impacto significativo tanto en nuestra salud física como emocional, describiendo la proliferación de emociones tóxicas como una epidemia. Leaf señala que el individuo promedio tiene más de 30,000 pensamientos diarios y advierte sobre los peligros de una mente descontrolada, que puede crear las condiciones propicias para la enfermedad.

Según su investigación, el miedo por sí solo desencadena más de 1,400 respuestas físicas y químicas identificadas, activando un conjunto de más de 30 hormonas diferentes. Los residuos tóxicos generados por estos pensamientos nocivos se asocian con diversas enfermedades, incluyendo diabetes, cáncer, asma, problemas dermatológicos y alergias, entre otras.

Leaf concluye instando a una toma de conciencia activa sobre nuestros pensamientos y propone la desintoxicación del cerebro como medida preventiva y terapéutica.

Aceptando esta noción como base, surge la pregunta inevitable: ¿cómo podemos contrarrestar este efecto negativo y mejorar nuestra salud y bienestar?

La respuesta efectiva radica en el poder de las afirmaciones positivas. En lugar de permitir que los pensamientos negativos y tóxicos dominen nuestra mente, podemos utilizar afirmaciones positivas para reprogramar nuestras creencias y actitudes. Al adoptar frases y términos que promuevan la salud, la felicidad y la motivación, podemos contrarrestar el impacto negativo de los pensamientos nocivos.

Las frases positivas son una poderosa herramienta que puedes incorporar en tu rutina diaria para reforzar mensajes estimulantes en tu mente y programar tu pensamiento hacia el optimismo y el éxito. Estas afirmaciones son declaraciones que puedes repetir a ti mismo para cambiar tu actitud y mentalidad hacia situaciones y objetivos específicos. Mucha gente se sorprende de mi forma de responder cuando me saludan y me dicen: ¿Cómo estás Alex? Y respondo de forma automática: Bendecido, prosperado en victoria, feliz, gozoso, contento y camino al éxito de la mano del Señor.

La práctica de este tipo de afirmaciones, llega a tener un impacto significativo en tu vida, ya que la forma en que piensas y te hablas a ti mismo viene a influir en tus emociones, comportamientos y resultados. Al repetir ciertas frases regularmente, puedes reprogramar tu mente subconsciente para adoptar una mentalidad más positiva y constructiva.

Para empezar a incorporar estas afirmaciones positivas en tu rutina diaria, primero debes identificar áreas de tu vida en las que desees ver un cambio positivo. Puedes enfocarte en áreas como la autoestima, la confianza, la salud, las relaciones, el éxito profesional, entre otras. Una vez que hayas identificado tus objetivos, puedes crear frases específicas y relevantes para esos temas.

Por ejemplo, si estás trabajando en reforzar tu autoestima, podrías repetir afirmaciones como "Soy valioso y digno de amor", "Confío en mi capacidad para lograr mis metas" o "Me acepto tal como soy". Estas afirmaciones te ayudarán a reforzar mensajes positivos sobre ti mismo y a cambiar tu diálogo interno de negativo a positivo.

Es importante recordar que las mismas deben ser creíbles y realistas para ti. No tiene sentido repetir afirmaciones que no resuenen contigo o que consideres poco realistas. Es fundamental que te conectes emocionalmente con los términos que estás repitiendo, para que puedan tener un impacto significativo en tu pensamiento y comportamiento.

Además, estas deben hacerse en tiempo presente y en primera persona. Esto significa que debes expresar tus afirmaciones como si ya hubieran sucedido, para reforzar la idea de que ya eres la persona que deseas ser. Por ejemplo, en lugar de decir "Voy a ser exitoso", puedes decir "Soy exitoso y capaz de lograr mis metas".

Para que las afirmaciones positivas sean efectivas, es importante repetirlas con regularidad y consistencia. Puedes incorporarlas en tu rutina diaria de diferentes maneras, como decirlas en voz alta frente al espejo, escribirlas en un diario, colocarlas en lugares visibles como notas adhesivas o utilizar aplicaciones móviles de afirmaciones positivas.

Además, puedes combinar estas con otras prácticas como la visualización creativa, la meditación o la gratitud para potenciar su efectividad. Al hacerlo, estarás creando un ambiente mental positivo y propicio para el éxito y la felicidad. Una de las cosas que más disfruto de mis viajes durante mis eventos, es la gran oportunidad que tengo de conocer personas que vibran alto y que conecta directamente con mi ser, incluso he compartido tiempo de calidad con personas que trabajan en los hoteles donde me hospedo y también con personas de restaurantes, he aprendido que se aprende más cuando somos vulnerables que cuando intentamos impresionar.

Es importante tener en cuenta que dicha práctica no es una solución mágica para todos tus problemas, pero llega a ser una herramienta poderosa para cambiar tu mentalidad y actitud hacia la vida. Al repetir afirmaciones positivas con regularidad, estarás reforzando mensajes constructivos en tu mente y programando tu pensamiento hacia el optimismo y el éxito.

La poderosa técnica de la visualización creativa

La visualización creativa es una técnica poderosa que puedes utilizar para atraer situaciones positivas y deseadas a tu vida. Quiero que aprendas de la manera más fácil, tal y como yo lo hice y a pesar que he logrado casi todo lo que he visualizado, debo confesarte que aun sigo estudiando y entrenando sobre este tema con la ayuda de expertos en la materia, esta técnica consiste en crear imágenes mentales de los logros que deseas alcanzar, los objetivos que quieres cumplir, las metas que te has propuesto, o simplemente situaciones que te hagan sentir feliz y satisfecho. Al visualizar y sentir estas imágenes como si ya fueran una realidad, estás enviando un mensaje claro a tu cerebro sobre lo que deseas atraer a tu vida.

La práctica se basa en la premisa de que nuestros pensamientos y emociones tienen un poder creativo en nuestra realidad. Si constantemente te enfocas en pensamientos negativos o limitantes, es probable que atraigas experiencias negativas a tu vida. Por el contrario, si te enfocas en pensamientos positivos y visualizar situaciones positivas, estás creando un campo de energía positiva a tu alrededor que atraerá más cosas positivas hacia ti.

Para practicar la visualización creativa, es importante seguir algunos pasos clave que te ayudarán a maximizar su efectividad. En primer lugar, es importante encontrar un lugar tranquilo y libre de distracciones donde puedas relajarte y concentrarte. Puedes empezar cerrando los ojos y respirando profundamente varias veces para relajar tu cuerpo y tu mente.

Una vez que estés en un estado de relajación, empieza a visualizar la situación deseada con todos los detalles posibles. Imagina cómo te sentirías si ya hubieras alcanzado ese objetivo, cómo sería tu vida si ya estuvieras viviendo esa situación ideal. Trata de visualizar con todos tus sentidos: qué verías, qué oirías, qué sentirías, qué olerías, incluso qué saborearías si estuvieras viviendo esa experiencia, puedo sentir tu sensación al momento en el que estás leyendo estas líneas y también como te ríes, pues tanto tú como yo sabemos que es lo que deseamos y más adelante te seguiré enseñando cómo convertirte en la persona que quieres que otros vean en ti, sin tener que fingir.

Es importante enfocarte en las emociones positivas que te genera esa visualización: la alegría, el éxito, la satisfacción, la gratitud, entre otras. Cuanto más intensamente puedas sentir esas emociones, más poderosa será tu visualización. Otro aspecto importante de la visualización creativa es la constancia. No basta con visualizar una vez y esperar que las cosas cambien mágicamente en tu vida. Es necesario hacer de la visualización un hábito diario, dedicando un tiempo cada día para imaginar tus metas y objetivos de forma positiva y detallada. Cuanto más tiempo y energía dediques a esta práctica, más rápido verás los resultados en tu vida.

Además, es importante ser específico en tus visualizaciones. En lugar de simplemente desear "ser feliz", por ejemplo, puedes visualizar situaciones concretas que te hagan sentir felicidad: pasar tiempo con tus seres queridos, lograr un éxito laboral, viajar a un lugar que siempre has deseado conocer, entre otros. Cuanto más específico seas en tus deseos, más claro será el mensaje que envías a tu cerebro.

También es importante creer en el poder de la visualización creativa. Si tienes dudas o creencias limitantes sobre si esta técnica funciona o no, te estarás enviando un mensaje contradictorio y dificultarás la manifestación de tus deseos. Por lo tanto, es importante confiar en ti mismo y en tu capacidad de crear la realidad que deseas a través de la visualización creativa.

Esta práctica no solo te ayuda a atraer situaciones positivas a tu vida, sino que también te ayuda a mantener una mentalidad positiva y optimista en general. Al enfocarte en tus metas y objetivos de forma entusiasta, estás reforzando tu autoconfianza, tu autoestima y tu motivación para alcanzar tus sueños. Además, al visualizar situaciones positivas, estás entrenando tu mente para buscar oportunidades y soluciones en lugar de enfocarte en los problemas y obstáculos.

También, aparte de atraer situaciones positivas, la visualización creativa también puede ayudarte a superar miedos, inseguridades y bloqueos mentales que te impiden alcanzar tus metas. Al ver con regularidad tu éxito y tus logros, estás reprogramando tu mente subconsciente para que empiece a creer en tus capacidades y en tu potencial ilimitado para alcanzar cualquier objetivo que te propongas.

Visualizar con detalle tus metas y objetivos, enfocarte en las emociones positivas que te generan esas imágenes y creer en tu capacidad de manifestar tus deseos, estarás creando un campo de energía positiva a tu alrededor que atraerá más cosas positivas hacia ti. La visualización creativa es una técnica poderosa que puedes utilizar para atraer situaciones positivas y deseadas a tu vida. Al practicar la visualización creativa de forma constante y con confianza, verás cómo tu vida empieza a transformarse de manera sorprendente.

El poder de la visualización en el desempeño humano

El siguiente contenido fue extraído de un artículo publicado en LinkedIn por el coach y autor Minor Arias, donde expone el aspecto científico y real de la visualización, por tal razón es presentado acá con la finalidad de reforzar la veracidad de los resultados de esta práctica.

En el campo de la psicología, la visualización mental ha demostrado ser una herramienta poderosa para mejorar el rendimiento humano en diversas actividades. Más allá de la mera contemplación, la visualización implica una profunda conexión entre la mente y el cuerpo, afectando significativamente el resultado de nuestras acciones. A través de una serie de estudios pioneros, se ha revelado que el verdadero significado de los resultados de la visualización va más allá de lo superficial, penetrando en lo más profundo de nuestro aspecto psicológico.

Uno de los estudios emblemáticos que destaca esta conexión es el experimento de la pelota de básquetbol realizado por el psicólogo Richard Wiseman en la Universidad de Hertfordshire. En este estudio, se asignó a un grupo de jugadores de básquetbol a practicar tiros a la canasta durante un periodo determinado. Luego, el grupo fue dividido en tres subgrupos: uno que no practicó más, otro que continuó practicando físicamente, y un tercero que solo visualiza mentalmente la práctica de tiros a la canasta. Sorprendentemente, los resultados mostraron que el grupo que únicamente se visualizó practicando mejoró tanto como aquellos que continuaron practicando físicamente.

Otro estudio revelador es el experimento de la cámara lúcida llevado a cabo por el psicólogo Stephen Kosslyn en la Universidad de Harvard. En este caso, se pidió a un grupo de participantes que imaginaran un conejo en diferentes posiciones mientras se les tomaba una imagen de su cerebro utilizando una cámara lúcida. Los resultados mostraron que las áreas del cerebro activadas durante la visualización eran las mismas que las activadas durante la percepción visual real, evidenciando la poderosa conexión entre la imaginación y la percepción.

Además, el experimento de la escalera realizado por la psicóloga Alia Crum en la Universidad de Stanford añade otra capa de comprensión sobre el impacto de la visualización en el desempeño físico. En este estudio, se pidió a los participantes que visualizaran una serie de escaleras antes de subirlas físicamente. Los resultados demostraron que aquellos que visualizaron las escaleras experimentaron menos fatiga y estrés durante la actividad física, sugiriendo que la visualización mental puede preparar y optimizar nuestro cuerpo para el rendimiento físico.

Estos estudios, entre otros, resaltan la importancia del aspecto psicológico en el rendimiento humano y cómo la visualización puede ser una herramienta efectiva para potenciar nuestras habilidades y capacidades, tanto en el ámbito deportivo como en otras áreas de la vida. Por tal razón se realizó una investigación desde otra perspectiva mostrada a continuación.

En el año 2017, Minor Arias se embarcó en un proyecto de investigación entrevistando a varios empresarios en Costa Rica. El propósito era comprender cómo habían establecido sus negocios y cómo lograron mantenerse exitosos durante más de 10 años. Aunque la intención original era escribir un libro sobre liderazgo, al concluir el estudio, Arias decidió no seguir adelante con ese proyecto. En su lugar, inspirado por lo que descubrió, optó por emprender el camino de escribir y publicar su libro "vive por diseño", que estaba programado para ser publicado tiempo después.

Durante estas entrevistas, descubrió que todos los empresarios no solo tenían una gran idea de negocio, sino también una visión a largo plazo para el mismo. Muchas de estas empresas habían sido visualizadas mucho antes de su desarrollo real, logrando la mayoría el tan anhelado logro. Sin embargo, también observó que muchos de estos empresarios sacrificaron aspectos importantes de sus vidas personales, como su salud, relaciones personales y tiempo para sus pasatiempos, durante los años de construcción del éxito de sus negocios.

Este descubrimiento fue fundamental para la creación de la marca *Vive por Diseño* de Arias. Pues a pesar de su visión empresarial clara, muchos de estos visionarios no aplicaron la misma práctica en otras áreas vitales de sus vidas, como la salud y las relaciones personales. Este profesional señala la importancia de la visualización en todas las áreas de la vida y plantea la pregunta de qué podría suceder en los próximos años si se implementaran ejercicios de visualización para cada una de esas áreas importantes.

La visualización, según él, es esencial para la creatividad y puede llevar a resultados significativamente mejores cuando se convierte en un hábito diario. Ilustra este punto con el ejemplo de un vendedor que visualiza sus cifras de ventas, obteniendo un mejor rendimiento que aquellos que simplemente esperan a ver qué sucede.

Arias comparte su propia experiencia positiva con la visualización, destacando cómo ha integrado la práctica en su vida y negocio. Por ejemplo, reserva los miércoles para actividades personales y recreativas, llamándolos "miércoles por diseño". Esta práctica, que alguna vez fue solo un sueño lejano, se hizo realidad a través de la visualización y la acción deliberada. De la misma manera alienta a sus clientes a probar por sí mismos la eficacia de la visualización y a tomar medidas para crear la realidad que desean en sus vidas. Enfatiza la importancia de la acción y la experimentación personal para validar estas ideas.

El poder de apreciar las cosas buenas de la vida todos los días

La gratitud es una poderosa herramienta que puede cambiar drásticamente nuestra perspectiva sobre la vida y conducirnos hacia una mayor felicidad y abundancia. Cultivar el hábito de reconocer y apreciar las cosas buenas de la vida todos los días puede transformar nuestra mente y enfocarte en lo positivo, atrayendo más de eso a nuestras vidas. En este apartado, exploramos diferentes prácticas de gratitud diaria que pueden ayudarte a desarrollar este hábito y experimentar sus beneficios.

Dicha práctica es la capacidad de reconocer y valorar las bendiciones y bondades que nos rodean, así como las personas y situaciones que contribuyen positivamente a nuestras vidas. Al enfocarnos en lo que tenemos en lugar de lo que nos falta, podemos crear un estado mental de aprecio y satisfacción que nos brinda una sensación de plenitud y felicidad.

Una de las prácticas más efectivas para cultivar la gratitud diaria es llevar un diario de agradecimiento. Cada día, toma unos minutos para escribir tres cosas por las que te sientas agradecido. Pueden ser pequeños detalles, como el aroma de tu café por la mañana o una sonrisa amable de un extraño, o grandes momentos, como el apoyo incondicional de un ser querido o el logro de un objetivo importante. Al hacer esto de manera consistente, empezarás a notar cada vez más cosas por las que agradecer, lo que te ayudará a cambiar tu enfoque hacia lo positivo.

Otra acción útil es establecer un recordatorio diario para expresar gratitud. Puedes hacerlo a través de una aplicación en tu teléfono, un post-it en tu espejo o un objeto simbólico que te recuerde el valor de la gratitud. Cada vez que veas este recordatorio, tómate un momento para reflexionar sobre las cosas buenas que has experimentado ese día y dar gracias por ellas. Este ejercicio te ayudará a mantener la gratitud presente en tu mente y atraer más abundancia y felicidad a tu vida.

La gratitud también puede expresarse a través de acciones concretas, por ejemplo, haz un esfuerzo por mostrar aprecio a las personas que te rodean, ya sea a través de palabras de agradecimiento, pequeños gestos de amabilidad o actos de generosidad. Reconocer y valorar a los demás no solo fortalece tus relaciones interpersonales, sino que también te ayuda a fomentar un sentido de conexión y pertenencia que contribuye a tu bienestar emocional.

Otra forma es mediante la meditación, dedicar unos minutos cada día a simplemente estar presente en el momento presente y a enfocarte en las cosas por las que te sientes agradecido. Respira profundamente, siente la gratitud en tu corazón y permite que esa sensación te llene de paz y alegría. La meditación te ayuda a cultivar la conciencia y la aceptación, permitiéndote disfrutar plenamente del presente y valorar las bendiciones que ya tienes en tu vida.

Además de estas prácticas individuales, también puedes incorporar la gratitud en tus relaciones y entorno social. Agradece a las personas que te rodean por su presencia, su apoyo y su amor. Celebra los logros y éxitos de los demás, reconociendo el valor de sus esfuerzos y contribuciones. Fomenta un clima de gratitud en tu familia, amigos y comunidad, creando un círculo virtuoso de aprecio y generosidad que se retroalimenta continuamente.

Este hábito no solo beneficia a nivel individual, sino que también tiene un impacto positivo en la sociedad en su conjunto. Cultivar una cultura de agradecimiento y reconocimiento contribuye a fortalecer los lazos comunitarios, promover la empatía y la solidaridad, y construir una sociedad más inclusiva y compasiva. Al practicar la gratitud diaria, no solo te beneficias tú mismo, sino que también inspiras a otros a hacer lo mismo y a crear un mundo más amoroso y armonioso para todos.

Cultivar el hábito de reconocer y apreciar las cosas buenas de la vida todos los días es una práctica poderosa que puede transformar tu mente, tu corazón y tu vida en general. Al enfocarte en lo positivo y expresar gratitud de manera constante, atraerás más abundancia y felicidad a tu vida, creando un círculo virtuoso de aprecio y bienestar. Con pequeños gestos diarios y una actitud de apertura y agradecimiento, puedes cambiar radicalmente tu percepción de la vida y disfrutar de una existencia más plena y satisfactoria. Procura practicar la gratitud diariamente y descubre el poder transformador de este sencillo hábito en tu vida.

Los impactantes beneficios psicológicos de la gratitud en la salud

La gratitud va más allá de un simple gesto social; en realidad, sus efectos positivos se reflejan profundamente en nuestra salud mental y emocional. A lo largo de los años, numerosos estudios han revelado que practicar la gratitud no solo impulsa el bienestar personal, sino que también tiene un impacto significativo en nuestra salud física.

Un estudio pionero llevado a cabo por el Centro de Investigación de Conciencia de la Atención Integral de la UCLA reveló que la expresión de gratitud tiene un impacto directo en la estructura molecular de nuestro cerebro. Esta investigación, demostró que la gratitud mantiene la materia gris en funcionamiento, promoviendo la salud cerebral y contribuyendo a una mayor sensación de felicidad y bienestar.

Otro estudio significativo, liderado por Robert A. Emmons de la Universidad de California en Davis y Mike McCullough de la Universidad de Miami, evidenció que las personas que practican la gratitud experimentan una mejora notable en su salud física y un aumento en su productividad. Este estudio reveló que aquellos que expresan gratitud tienden a tener menos problemas de salud y a rendir más horas productivas en comparación con aquellos que no lo hacen.

Un tercer estudio, enfocado en adultos con trastornos neuromusculares congénitos, demostró que la expresión regular de gratitud está asociada con una sensación de renovación y conexión con los demás al despertar. Este estudio subraya cómo la gratitud puede ser un recurso invaluable para mejorar nuestra calidad de vida diaria.

Además, una investigación realizada por científicos chinos encontró una correlación directa entre los niveles de gratitud y la calidad del sueño, así como con niveles reducidos de ansiedad y depresión. Esta investigación, resalta cómo la gratitud puede influir positivamente en nuestra salud mental y emocional.

Finalmente, un estudio realizado en la Universidad George Mason reveló que los veteranos de la guerra de Vietnam que experimentaron mayores niveles de gratitud también mostraban niveles más bajos de estrés postraumático y una mayor capacidad de resiliencia. Esta investigación, realizada en una fecha específica, destaca el poder transformador de la gratitud incluso en situaciones extremadamente desafiantes.

Como puedes ver, el fundamento positivo del agradecimiento está basado en el aspecto psicológico.

Como manifiesto el agradecimiento

Tengo muchas historias personales que podrían demostrar claramente que el agradecimiento y el reconocimiento es más que una técnica, para mí es un estilo de vida, me acostumbre a siempre preguntar ¿Cómo puedo ayudarte? ¿Hay algo más que pueda hacer por ti? Definitivamente esto abre puertas.

En una ocasión, estaba trabajando en un proyecto con un equipo que estaba enfrentando plazos muy ajustados y mucho estrés. A pesar del caos, siempre intentaba mantenerme positivo y preguntar a mis compañeros de equipo cómo podía ayudarles. Una tarde, después de una reunión particularmente agotadora, me di cuenta de que uno de mis colegas estaba especialmente abatido. En lugar de simplemente decirle que lo apreciaba, decidí actuar.

Me acerqué a su escritorio y le ofrecí un café, sabiendo que había tenido una mañana muy larga. Además, le pregunté si podía ayudar a revisar algún trabajo que tenía pendiente. Mi compañero, sorprendido y agradecido, aceptó mi oferta.

Esa pequeña acción de apoyo genuino no solo fortaleció nuestro equipo, sino que también creó un ambiente de trabajo más colaborativo y positivo. El simple hecho de ir más allá de las palabras y ofrecer ayuda tangible hizo una gran diferencia. Desde entonces, he aprendido que el agradecimiento y el reconocimiento deben ser palpables y materializarse en acciones concretas para ser verdaderamente efectivos.

Capítulo 3: Gestión emocional y bienestar

"La mayor parte de las grandes cosas que ha conseguido el hombre fueron declaradas imposibles antes de que alguien las hiciera".

Louis D. Brandeis

¿Te has preguntado alguna vez si la generación que enfrenta los cambios más radicales en la sociedad es la menos equipada para hacerlo? ¿Alguna vez has sentido la presión de ser juzgado constantemente? Es posible que no estemos del todo conscientes de las implicaciones de vivir en un mundo hiperconectado, donde nuestras emociones pueden ser expuestas y compartidas al instante.

Solo por recordar un evento pasado, Justin Bieber y su esposa, Hailey Baldwin, fueron de los primeros en Estados Unidos en hablar abiertamente sobre sus luchas con la ansiedad, demostrando la importancia de gestionar nuestras emociones en este contexto. En su cuenta oficial de Instagram, el cantante de "Yummy" admitió: "He estado luchando mucho, me siento súper desconectado y extraño. Siempre me recupero, así que no estoy preocupado". Este testimonio coincide con el de su pareja, quien compartió con sus más de 29 millones de seguidores los desafíos de su vida, lejos de la imagen idílica que muchos esperarían. "Soy insegura, soy frágil, me hago daño... Cada día es una batalla de confianza para mí", reveló la modelo. Incluso la exitosa Lady Gaga admitió haber odiado la fama en cierto momento, mostrando la fragilidad humana ante la constante búsqueda de validación. ¿Te sientes identificado con estas experiencias?

Por tal razón en este capítulo, quiero explicarte la importancia de la autoconciencia emocional y cómo se manifiesta en nuestro cuerpo y mente. Aprenderemos a identificar y reconocer nuestras emociones

51

para poder regularlas de manera efectiva a través de estrategias como la respiración profunda, la relajación muscular y la atención plena. También abordaremos técnicas para gestionar el estrés, como la organización del tiempo y el establecimiento de límites saludables, así como la importancia de una comunicación asertiva para expresar nuestros sentimientos de manera clara y respetuosa. Por último, exploraremos el valor de la empatía y la comprensión en nuestras relaciones interpersonales, fortaleciendo nuestras habilidades sociales y nuestra capacidad para entender y conectar con los demás.

El arte de reconocer y gestionar tus sentimientos

La autoconciencia emocional es la capacidad que tienes para identificar y reconocer tus propias emociones, así como para comprender cómo se manifiestan en tu cuerpo y en tu mente. Es una habilidad clave en tu desarrollo personal y en la gestión de tus relaciones con los demás. Al tener un mayor conocimiento de tus emociones, puedes tomar decisiones más conscientes y adaptativas, así como mejorar tu comunicación con los demás.

Para comenzar, es importante tener en cuenta que las emociones son una parte fundamental de la experiencia humana. Todos experimentamos emociones en diferentes momentos de nuestra vida, y es crucial aprender a manejarlas de manera saludable y constructiva. La autoconciencia emocional te ayuda a identificar cuáles son tus emociones en un momento dado, ya sea alegría, tristeza, miedo, enojo, entre otras. Al reconocer estas, puedes comprender mejor qué te está sucediendo y por qué, lo que te permite tomar medidas para gestionarlas de manera adecuada.

Una forma de desarrollar la autoconciencia emocional es prestar atención a las señales que tu cuerpo te envía cuando experimentas una emoción. Por ejemplo, cuando te sientes ansioso, es posible que notes un nudo en el estómago o que tu respiración se acelere. Al conectar estas sensaciones físicas con tus emociones, puedes identificar más fácilmente qué estás sintiendo en ese momento. Además, es importante observar también cómo se manifiestan tus emociones en tu mente, a través de pensamientos o creencias que pueden influir en tu forma de percibir y actuar en determinadas situaciones.

Otro aspecto relevante en la autoconciencia emocional es la capacidad de reconocer los desencadenantes de tus emociones. Identificar qué situaciones, personas o pensamientos activan ciertas emociones en ti te permite anticipar y gestionar de manera más efectiva tus reacciones. Por ejemplo, si sabes que cierta persona te hace sentir frustrado, puedes prepararte psicológicamente para interactuar con ella de manera más calmada y asertiva.

Además, la autoconciencia emocional te ayuda a tomar responsabilidad de tus emociones y de las consecuencias de tus acciones en base a estas emociones. Al reconocer tus emociones, puedes evitar reaccionar de manera impulsiva o desproporcionada, y en su lugar, elegir cómo quieres responder a una determinada situación. Esto te permite ser más consciente de tus decisiones y de cómo estas afectan no solo a ti mismo, sino también a las personas que te rodean.

Al conocer y comprender tus propias emociones, puedes gestionarlas de manera más efectiva y constructiva, lo que te permite ser más auténtico, empático y asertivo en tus interacciones con los demás. Por tanto, es fundamental cultivar esta habilidad a lo largo de tu vida, a través de la práctica de la atención plena, la reflexión personal y el autoconocimiento. De esta manera, puedes vivir de manera más consciente y plena, disfrutando de una mayor armonía emocional y bienestar en todas las áreas de tu vida.

Aprende a controlar tus emociones y mejorar tu bienestar

La regulación emocional es un aspecto significativo en tu vida, ya que juega un papel fundamental en tu capacidad para controlar tus emociones de manera efectiva. Las emociones, como el miedo, la tristeza, la ira o la alegría, pueden tener un impacto significativo en tu vida diaria, afectando tu toma de decisiones, tus relaciones interpersonales y tu bienestar emocional en general. Por esta razón, es esencial contar con estrategias y herramientas que te permitan regular tus emociones de forma saludable y constructiva.

Una de las técnicas más poderosas y populares, para regular tus emociones, es la respiración profunda. La misma implica inhalar lentamente por la nariz, llenando tus pulmones con aire, y exhalar de manera controlada, permitiendo que el aire salga completamente de tus pulmones. Esta práctica te ayuda a calmar tu mente y tu cuerpo, disminuyendo la sensación de estrés y ansiedad. Al respirar profundamente, envías una señal a tu cerebro de que todo está bien, lo que contribuye a reducir la intensidad de tus emociones negativas. Además, la respiración profunda aumenta la oxigenación de tu cuerpo, lo que tiene efectos beneficiosos para tu salud en general, tanto física como mentalmente.

Otra técnica valiosa para regular tus emociones es la relajación muscular progresiva. Cuando experimentas estrés o ansiedad, tus músculos tienden a contraerse y tensarse, lo que puede intensificar la sensación de malestar emocional. La relajación muscular progresiva consiste en tensar y relajar de forma consciente cada grupo muscular de tu cuerpo, permitiéndote liberar la tensión acumulada y reducir la intensidad de tus emociones negativas. Esta práctica resulta especialmente beneficiosa para aquellas personas que suelen acumular estrés en el cuerpo, pudiendo incluso experimentar dolores físicos relacionados con el estrés. Al aprender a relajar los músculos de manera consciente, puedes aliviar la tensión física y emocional, promoviendo un estado de calma y bienestar.

Además de la respiración profunda y la relajación muscular, la atención plena aparece como una poderosa herramienta para la regulación emocional. La atención plena, también conocida como mindfulness, implica estar plenamente presente en el momento actual, sin juzgar ni reaccionar ante las emociones que puedan surgir. Practicar esta te permite observar tus emociones de manera objetiva, sin identificarte con ellas, lo que favorece tu capacidad para mantener la calma y responder de forma equilibrada ante situaciones estresantes. Al cultivar la atención plena, puedes desarrollar una mayor consciencia de tus emociones, identificando patrones emocionales que puedan estar afectando tu bienestar emocional. Esta práctica te ayuda a conectar contigo mismo, a comprender mejor tus reacciones emocionales y a gestionarlas de forma más efectiva.

La regulación emocional es una habilidad que puedes aprender y desarrollar a lo largo del tiempo. Al practicar regularmente estas estrategias, puedes fortalecer tu capacidad para gestionar tus emociones, promoviendo un mayor equilibrio emocional y una mejor calidad de vida en general. La regulación emocional es un proceso continuo que requiere práctica y paciencia, pero sus beneficios perdurables valen la pena el esfuerzo invertido.

Estrés bajo control

En las exigencias de nuestro día a día, el estrés se ha convertido en una preocupación cada vez más relevante en la salud mental y física de las personas. Para comprender la gravedad de este problema, es esencial explorar casos reales que ilustren las consecuencias devastadoras del estrés crónico. Uno de los ejemplos más conmovedores es el caso de Miwa Sado, una periodista japonesa que trabajaba para la NHK, la emisora nacional de Japón.

Miwa Sado se vio envuelta en un trágico incidente durante su cobertura de las elecciones del gobierno metropolitano de Tokio en el año 2013. Con solo 31 años de edad, se esforzó más allá de sus límites, acumulando más de 159 horas extras en un mes, además de sus horarios regulares. Esta carga de trabajo exigente en sobremanera y los niveles extremos de estrés, a los que se sometió, tuvieron consecuencias devastadoras.

Después de completar tales compromisos laborales, Sado tomó dos días de descanso, pero lamentablemente, falleció de un ataque cardíaco repentino el día después de su regreso al trabajo. Los médicos concluyeron que su muerte fue causada por estrés y agotamiento extremo.

Esta historia conmovedora destaca la importancia de abordar de manera efectiva el estrés en el lugar de trabajo y promover un equilibrio saludable entre la vida laboral y personal para prevenir tragedias similares en el futuro.

En la actualidad, gestionar el estrés se ha convertido en un tema muy relevante en la sociedad moderna. El ritmo acelerado de vida, las exigencias laborales, los problemas personales y la constante presión que enfrentamos día a día contribuyen en gran medida al aumento del estrés en la población. Este puede manifestarse de diversas formas en nuestro cuerpo y mente, generando ansiedad, irritabilidad, cansancio y deterioro de la salud en general. Por esta razón, es esencial adquirir conocimientos y habilidades para manejar de forma efectiva este fenómeno y poder sobrellevar las adversidades con calma y equilibrio emocional.

Una de las estrategias fundamentales para manejar el estrés de manera efectiva es la organización del tiempo. El tiempo es un recurso limitado y valioso que debes saber administrar de forma adecuada. Establecer un horario estructurado, priorizando las tareas de acuerdo a su importancia y urgencia, te permitirá optimizar tu tiempo y reducir la sensación de agobio y descontrol. Además, dividir las actividades en pequeñas metas alcanzables te ayudará a abordarlas de manera más eficiente, evitando la procrastinación y el estrés asociado a la acumulación de responsabilidades.

Otro aspecto relevante en el manejo del estrés es establecer límites saludables. A menudo, nos vemos desbordados por las demandas laborales, familiares y sociales, lo que puede provocar un desgaste emocional y físico considerable. Aprender a decir "no" de manera asertiva, establecer límites claros en nuestras relaciones interpersonales y delegar responsabilidades cuando sea necesario, te permitirá conservar tu energía y centrarte en lo verdaderamente importante para ti. Es fundamental aprender a valorar tu propio bienestar y respetar tus necesidades y limitaciones, tanto en el ámbito laboral como en el personal.

Aparte de estos dos aspectos, el ejercicio regular también juega un papel fundamental en el manejo del estrés. La actividad física no solo contribuye a mantener tu cuerpo en óptimas condiciones, sino que también tiene un impacto positivo en tu salud mental y emocional. Al realizar ejercicio de forma habitual, liberarás endorfinas, conocidas como las "hormonas de la felicidad", que te ayudarán a combatir la ansiedad y la depresión. Asimismo, el ejercicio físico te permitirá desconectar de las preocupaciones diarias, mejorar tu resistencia al estrés y fortalecer tu sistema inmunológico, lo cual es fundamental para afrontar los desafíos cotidianos con mayor fortaleza y equilibrio.

Además de las estrategias mencionadas anteriormente, existen otras técnicas efectivas para manejar el estrés de manera integral. La meditación, la respiración profunda, el yoga, la terapia cognitivo-conductual y la visualización positiva son herramientas que puedes utilizar para reducir la ansiedad, mejorar tu concentración y promover la relajación física y mental. Estas técnicas te ayudarán a conectar contigo mismo, a gestionar tus emociones de forma saludable y a cultivar un estado de calma y equilibrio interior, que te permitirá afrontar los retos y dificultades de la vida con mayor serenidad y claridad mental.

Manejar las preocupaciones es un proceso fundamental para preservar tu salud y bienestar en un mundo cada vez más exigente y vertiginoso. Es fundamental aprender a cultivar hábitos saludables, cuidar tu salud emocional y física, y aprender a gestionar las tensiones de manera positiva, ya que esto te permitirá disfrutar de una vida plena, equilibrada y satisfactoria.

Mejora tus habilidades de comunicación

La comunicación asertiva es una habilidad fundamental en la vida cotidiana que nos permite expresar nuestras emociones de manera clara, directa y respetuosa. Ser asertivo implica la capacidad de comunicar lo que sentimos de forma sincera, sin reprimir nuestras emociones ni exagerarlas. Es importante poder expresar nuestros pensamientos y sentimientos de manera adecuada para evitar malentendidos y conflictos en nuestras interacciones con los demás.

Esta se basa en tres aspectos clave: la claridad en la expresión de ideas, la honestidad al comunicar emociones y el respeto hacia los demás. Al aprender a comunicarnos de manera efectiva, podemos transmitir nuestras emociones de forma adecuada y comprender las emociones de los demás en un nivel más profundo.

La comunicación asertiva nos ayuda a establecer límites claros y a respetar los límites de los demás en nuestras relaciones interpersonales. Para mejorar nuestras habilidades en este sentido, es importante practicar la escucha activa. Esto implica prestar atención a lo que la otra persona está diciendo, sin interrumpir, y mostrar empatía hacia sus emociones. Además, es esencial utilizar un lenguaje claro y directo, evitando expresiones ambiguas o confusas que puedan dar lugar a malentendidos. También es crucial tener en cuenta el tono de voz y el lenguaje corporal al comunicarnos, ya que estos elementos también transmiten información importante sobre nuestras emociones y actitudes.

Esta es una herramienta poderosa que nos permite expresar nuestras emociones de manera efectiva y respetuosa. Al dominar esta habilidad, podemos mejorar nuestras relaciones interpersonales, evitar conflictos y lograr una comunicación más clara y honesta en todas nuestras interacciones.

Practicando la empatía

La empatía, una habilidad esencial para comprender y aceptar las emociones de los demás, juega un papel fundamental en nuestras interacciones diarias. A medida que nos adaptamos en una sociedad cada vez más conectada, la capacidad de ponernos en el lugar del otro se convierte en clave para fomentar la comprensión, la empatía y el respeto mutuo.

¿Cuál es tu papel en la empatía y cómo puede influir en la forma en que ves y aceptas a las personas? Tu capacidad de empatía es crucial para comprender y aceptar a los demás. Al ponerte en el lugar del otro, puedes comprender su estado emocional y sus experiencias. Esto te permite establecer una conexión más profunda y solidaria con personas diferentes a ti, superando barreras y prejuicios.

La empatía también te motiva a actuar de manera compasiva y solidaria. Al entender las dificultades y retos que enfrenta alguien, te sientes impulsado a ayudar y apoyar. Esta actitud empática te lleva a comportarte de forma más generosa y sensible hacia los demás, creando un ambiente de comprensión y aceptación mutua.

En definitiva, esta práctica te permite ir más allá de tus propias perspectivas y abrirte a las experiencias de los demás. Al comprender y aceptar a las personas como son, sin juzgar ni discriminar, contribuyes a la construcción de una sociedad más inclusiva y respetuosa. La empatía es una habilidad que puedes desarrollar y poner en práctica en tus interacciones diarias para promover un mundo más comprensivo y tolerante.

¿De qué manera la empatía te ayuda a controlar tus emociones? Esta es clave en ese proceso, ya que te permite conectar con otras personas y experimentar sus emociones en tu propio cuerpo. Al ponerse en el lugar del otro, puedes comprender sus alegrías y tristezas, lo que te ayuda a regular tus propias emociones. Esta conexión emocional te ayuda a ser más consciente de tus sentimientos y a encontrar una mayor estabilidad emocional. Al entender y compartir las emociones de los demás, puedes manejar las tuyas de manera más tranquila y equilibrada. La empatía se convierte así en una herramienta poderosa para controlar tus emociones y cultivar relaciones más saludables con los demás.

¿Cómo puedes desarrollar esta habilidad? Para desarrollar la empatía, es fundamental practicar la escucha activa con la intención de entender al otro. Esto implica prestar atención plena a lo que la otra persona está expresando, sin interrumpir ni juzgar. Además, es importante tener en cuenta que todos los puntos de vista son válidos y respetables, ya que nuestra forma de ver las cosas es única. Reconocer y aceptar la diversidad de opiniones te permite ampliar tu perspectiva y conectar emocionalmente con los demás.

Este proceso no solo te beneficiará a nivel personal, sino que también tendrá un impacto positivo en tus relaciones interpersonales, en tu capacidad para comprender y aceptar a los demás, y en la creación de un ambiente más comprensivo y empático a tu alrededor. Te invito a poner en práctica estos consejos y a cultivar la empatía en tu día a día, con el objetivo de generar un cambio positivo en ti mismo y en tu entorno.

Comprender y aceptar nuestras emociones es relevante para nuestro bienestar psicológico. La empatía desempeña un papel fundamental en este proceso, ya que te permite conectar con los sentimientos de los demás y comprender sus vivencias. Al ponerla en práctica, puedes establecer relaciones más sólidas y significativas, ya que te vuelves más sensible y comprensivo hacia las necesidades emocionales de los demás. Además, al aceptar tus propias emociones y las de otros, puedes desarrollar una mayor autoconciencia y ser más capaz de manejar situaciones difíciles de forma constructiva.

La empatía tiene el poder de transformar las relaciones y fomentar un ambiente de comprensión y aceptación mutua. Al ponerse en lugar de otra persona y reconocer sus emociones, puedes establecer una conexión profunda que fortalezca los lazos emocionales. La misma te ayuda a superar barreras y prejuicios, fomentando la colaboración y la cooperación en lugar de la competencia. Al comprender y aceptar las emociones de los demás, promueves un entorno de respeto y apoyo, donde cada individuo se siente valorado y comprendido. En última instancia, la empatía te capacita para crear un mundo más compasivo y comprensivo.

Aceptación y manejo del duelo

El duelo es un proceso psicológico que se desencadena tras experimentar una pérdida, ya sea la muerte de un ser querido, una separación, un abandono o cualquier tipo de ausencia significativa. Cada individuo experimenta esto de manera única y personal, manifestando síntomas emocionales y físicos que pueden incluir ansiedad, miedo, culpa, confusión, negación, depresión y tristeza, entre otros.

El impacto del duelo no se limita únicamente a la pérdida de un ser querido, sino que también puede surgir frente a cualquier situación que represente una interrupción definitiva o una pérdida irreparable en la vida. Este proceso, conocido como elaboración del duelo, implica adaptarse a una nueva realidad y encontrar formas de afrontar y procesar la experiencia emocional de la pérdida.

El duelo se asemeja a una herida que requiere tiempo para cicatrizar adecuadamente. A menudo, se habla de varias fases o etapas del duelo, aunque es importante destacar que no todas las personas experimentan todas las fases y que el proceso puede variar en duración e intensidad para cada individuo.

La primera fase del duelo es la negación, caracterizada por la incredulidad y la negación de la realidad ante la pérdida. Esta etapa actúa como un mecanismo de defensa que permite al individuo procesar gradualmente la realidad de la situación. A continuación, surge la fase del enfado, donde se experimenta una intensa rabia que puede impulsar a buscar ayuda y tomar medidas para enfrentar la situación.

La fase de negociación se caracteriza por la búsqueda de soluciones y la fantasía de revertir la situación, a menudo mediante pactos o acuerdos imaginarios. Sin embargo, esta etapa suele ser breve y agotadora, ya que enfrentarse constantemente a las soluciones propuestas puede resultar emocionalmente agotador.

Luego aparece el miedo o la depresión, donde estas vienen a representar una etapa de profunda tristeza, incertidumbre y dolor emocional. Durante esta fase, la persona puede experimentar una sensación de vacío y desesperanza, acompañada de pensamientos negativos sobre el futuro y la propia capacidad para recuperarse.

Finalmente, la aceptación marca el último paso del proceso de duelo, donde la persona reconoce y acepta la realidad de la pérdida. Aunque este proceso puede ser difícil y requiere un gran esfuerzo, llegar a este punto permite iniciar el proceso de reconstrucción y adaptación a la nueva realidad.

Es esencial reconocer que el duelo puede convertirse en patológico si la persona queda atrapada en una fase específica, impidiendo la elaboración adecuada del dolor. En estos casos, es fundamental buscar ayuda profesional para facilitar dicho proceso y prevenir posibles complicaciones emocionales y físicas a largo plazo.

Es relevante saber que existen los duelos postergados, que son aquellos que no se reconocen ni se atraviesan de manera adecuada debido a la presión social o a la negación personal. La sociedad actual tiende a minimizar el dolor y la tristeza, lo que dificulta la expresión y el procesamiento de tal situación de manera saludable. Sin embargo, negar o postergar el duelo puede prolongar innecesariamente el sufrimiento y dificultar el proceso de recuperación emocional.

Culminando es importante que sepas que el duelo es un proceso natural y necesario, que requiere tiempo y espacio para ser transitado adecuadamente. Es importante permitirse sentir y expresar las emociones asociadas a la pérdida, así como buscar apoyo y ayuda profesional cuando sea necesario para facilitar el proceso de duelo y promover el bienestar emocional a largo plazo.

Mi clave para iniciar proyectos con éxito

Cuando decides embarcarte en un nuevo proyecto, ya sea personal o profesional, es crucial dedicar tiempo a una planificación meticulosa. Es esencial que seas honesto contigo mismo para identificar tu punto de partida. Algo que suelo recalcar en mis conferencias junto a Carlos García, y eventos de transformación es que no basta con tener una idea clara o hacer un esfuerzo. El camino hacia el éxito, o lo que yo llamo el "sendero del inquebrantable", se basa en reconocer dónde estás ahora.

En cada empresa que he dirigido, mi primer paso ha sido evaluar sinceramente mi situación actual: ¿En qué punto estoy? ¿Dónde quiero llegar? ¿Qué me falta para alcanzar mis metas? ¿Quién podría obstaculizar mi progreso? Y, lo más importante, ¿cómo me sentiré al alcanzar esa meta?

Este enfoque no solo clarifica el camino, sino que también te prepara para los desafíos. La autoevaluación honesta y la planificación estratégica son fundamentales para transformar ideas en logros concretos.

Método E.M.O.C.I.O.N

Este método "EMOCION" te proporciona un enfoque práctico y efectivo para gestionar tus emociones, permitiéndote actuar con mayor claridad y propósito en tu vida diaria. Implementa estos pasos y observa cómo mejora tu bienestar emocional.

E - Explora

El primer paso para manejar tus emociones es explorarlas y reconocerlas en el momento en que surgen. Esto implica estar presente y consciente de lo que sientes, sin juzgarte. La autoexploración te ayuda a identificar tus emociones y entender su impacto en ti.

Paso a Paso para Implementarlo:

- Detente y respira: Cuando sientas una emoción intensa, tómate un momento para respirar profundamente y detenerte.
- Reconoce tu emoción: Pregúntate a ti mismo: ¿Qué estoy sintiendo ahora? ¿Es enojo, tristeza, alegría, miedo?
- Dale un nombre: Ponle un nombre a la emoción que estás experimentando. Nombrar la emoción te permite tomar conciencia de ella.

- Acepta la emoción: Reconoce que sentir emociones es natural y que está bien experimentar cualquier tipo de emoción, sin juzgarte.

M - Mira

Una vez que has reconocido tu emoción, el siguiente paso es observar la causa que la ha desencadenado. Reflexionar sobre qué provocó esa respuesta emocional te da claridad sobre cómo te afecta y te permite entender mejor tus reacciones.

Paso a Paso para implementarlo:

- Identifica el desencadenante: Pregúntate, ¿qué ocurrió justo antes de que surgiera esta emoción? ¿Fue una situación, una persona, un pensamiento?
- Reflexiona sobre su impacto: Considera cómo esta situación te ha afectado. ¿Te sientes amenazado, herido, contento?
- Busca patrones: Observa si esta emoción surge en situaciones similares con frecuencia. Esto te ayudará a entender si hay patrones en tu comportamiento emocional.
- Escribe tus observaciones: Lleva un diario emocional donde puedas anotar tus descubrimientos. Esto te ayudará a reconocer y gestionar mejor tus emociones en el futuro.

O - Organiza

La organización mental es clave para reducir la intensidad de tus emociones. Practicar técnicas de respiración y meditación te permite calmar tu mente y cuerpo, creando un espacio donde puedes procesar tus emociones de manera más efectiva.

Paso a Paso para Implementarlo:

- Practica la respiración profunda: Dedica unos minutos a respirar profundamente, inhalando por la nariz y exhalando por la boca. Esto ayuda a reducir la tensión.

- Medita diariamente: Establece una rutina de meditación, aunque sea por 5-10 minutos al día, para calmar tu mente y aumentar tu conciencia emocional.
- Visualiza un espacio tranquilo: Cuando te sientas abrumado, cierra los ojos e imagina un lugar que te transmita paz. Esto puede ayudarte a reducir la intensidad de la emoción.
- Ordena tus pensamientos: Después de calmarte, organiza tus pensamientos en torno a la emoción que experimentaste. ¿Qué fue lo más importante que sentiste?

C - Cambia

Cambiar tu perspectiva es fundamental para manejar las emociones de manera efectiva. Esto implica desafiar los pensamientos negativos y reemplazarlos con afirmaciones positivas que te fortalezcan y te ayuden a ver las situaciones desde un ángulo más constructivo.

Paso a Paso para Implementarlo:

- Identifica pensamientos negativos: Después de calmarte, anota cualquier pensamiento negativo que te haya acompañado en la situación.
- Cuestiónalos: Pregúntate, ¿es realmente cierto este pensamiento? ¿Existen evidencias que lo respalden o lo contradigan?
- Reescribe el pensamiento: Cambia el pensamiento negativo por una afirmación positiva que refleje una perspectiva más empoderada, por ejemplo: "Soy capaz de manejar esto".
- Repite afirmaciones: Practica diariamente repetir afirmaciones positivas, especialmente en momentos de estrés o duda.

I - Inspira

Una vez que has organizado tus emociones y cambiado tu perspectiva, es importante decidir cómo actuar de manera alineada con tus valores. La acción inspiradora te lleva a respuestas más constructivas y te ayuda a mantener la integridad emocional.

Paso a Paso para Implementarlo:

- Conéctate con tus valores: Reflexiona sobre tus valores fundamentales y cómo deseas actuar en alineación con ellos.
- Decide una acción: Elige una acción que refleje tus valores y que te acerque a una solución positiva en la situación.
- Visualiza el impacto: Antes de actuar, visualiza cómo esa acción inspirada mejorará tu situación o tu bienestar emocional.
- Toma acción con confianza: Ejecuta la acción con la seguridad de que estás actuando desde un lugar de integridad personal.

O - Optimiza

La optimización implica evaluar tus reacciones y buscar oportunidades de mejora continua. Aprender de la experiencia te ayuda a manejar mejor tus emociones en el futuro y a perfeccionar tus respuestas emocionales.

Paso a Paso para Implementarlo:

- Revisa la situación: Después de haber actuado, toma un tiempo para reflexionar sobre cómo manejaste tus emociones.
- Identifica áreas de mejora: Pregúntate, ¿hay algo que podría haber hecho de manera diferente? ¿Cómo puedo mejorar mi respuesta la próxima vez?
- Anota tus aprendizajes: Escribe en tu diario emocional lo que aprendiste de la experiencia y cómo planeas aplicar ese aprendizaje en el futuro.

- Comprométete a mejorar: Haz un compromiso personal de seguir optimizando tu manejo emocional, utilizando lo que has aprendido.

N - Nutre

El último paso es nutrir tus relaciones y entornos para fomentar tu bienestar emocional. Rodearte de personas y situaciones que apoyen tu crecimiento emocional es esencial para mantener un estado emocional saludable y resiliente.

Paso a Paso para Implementarlo:

- Evalúa tus relaciones: Reflexiona sobre las personas que te rodean y cómo influyen en tu bienestar emocional. ¿Te apoyan o te restan energía?
- Crea un entorno positivo: Rodéate de personas y situaciones que te hagan sentir bien y que te ayuden a crecer emocionalmente.
- Dedica tiempo al autocuidado: Practica actividades que nutran tu bienestar emocional, como el ejercicio, la lectura o el tiempo en la naturaleza.
- Fomenta conexiones profundas: Cultiva relaciones que te brinden apoyo emocional y que te permitan compartir tus emociones de manera abierta y honesta.

Capítulo 4: Descubriendo tu propósito de vida

"Cuando era niño soñaba, pero dejé de soñar y empecé a hacer, porque es el poder de lo que se realiza lo que vuelve los sueños realidad".

Usain Bolt

En medio de una atmósfera cargada de emotividad y expectación, Steve Jobs se dirigió a los graduados de la Universidad de Stanford en 2005, compartiendo con ellos momentos significativos de su vida. Estas palabras, llenas de sinceridad, marcaron el inicio de un relato que revelaría cómo los giros inesperados moldearon su búsqueda del propósito.

Jobs relató tres relatos fundamentales: uno sobre conectar experiencias, otro sobre amor y pérdida, y el último sobre la inevitabilidad de la muerte. En el primero, recordó su decisión de abandonar la universidad y tomar un curso de caligrafía, aparentemente sin rumbo. Sin embargo, ese aprendizaje aparentemente aleatorio se convirtió en la semilla de su obsesión por el diseño, culminando en la creación de computadoras con tipografía exquisita.

Esta lección de "conectar los puntos" se repitió más tarde en su vida cuando fue despedido de la empresa que él mismo había fundado. Aunque inicialmente quedó devastado, esta experiencia se reveló como una oportunidad disfrazada, llevándolo a fundar Next y Pixar, dos empresas icónicas que transformaron industrias enteras.

La pieza final del rompecabezas fue su enfrentamiento con la mortalidad, después de sobrevivir a un cáncer de páncreas. Esta experiencia marcó un punto de inflexión, enseñándole la importancia de vivir cada día con autenticidad y perseguir lo que realmente importa.

Jobs concluyó su discurso instando a los graduados a buscar su pasión y no conformarse con menos. Les recordó que la clave para un trabajo excepcional radica en amar lo que se hace y tener el coraje de seguir el llamado del corazón y la intuición. Citando un pasaje de "The Whole Earth Catalog", subrayó la importancia del deseo insaciable de conocimiento como un precursor del éxito.

Así, a través de sus experiencias, Jobs demostró que el propósito de la vida puede descubrirse en los momentos aparentemente insignificantes y en las adversidades aparentemente insuperables, siempre y cuando uno esté dispuesto a seguir su corazón y abrazar la incertidumbre con valentía.

Viendo como preámbulo la historia de este gran visionario empresarial, ahora nos embarcaremos en un viaje de autoconocimiento y descubrimiento de nuestro propósito en la vida. A través de la autoexploración profunda, identificación de patrones y experimentación, nos introduciremos en un proceso de reflexión que nos ayudará a conectar con nuestras pasiones y valores más profundos.

Exploraremos nuevas áreas de interés y roles, buscando aquellas actividades que nos llenen de energía y entusiasmo. A medida que avanzamos en este camino, nos enfocaremos en establecer metas claras y específicas que nos guíen hacia una vida más alineada con nuestro propósito y significado.

Prepárate para adentrarte en un capítulo de autodescubrimiento y crecimiento personal, donde cada paso que damos nos acerca un poco más a la realización de nuestros sueños y metas.

Descubre tu propósito y vive una vida plena

En la búsqueda de la felicidad y la realización personal, es fundamental encontrar un propósito y significado en la vida. Muchas veces nos encontramos perdidos, sin saber cuál es nuestro propósito en este mundo y qué significado le damos a nuestras acciones. En esta lectura, encontraremos la importancia de encontrar un propósito y cómo esto puede impactar positivamente nuestra vida.

Para encontrar tu propósito y significado en la vida, es importante que dediques tiempo a reflexionar sobre tus valores y lo que te apasiona. Pregúntate a ti mismo qué es lo que realmente te importa y en qué áreas de tu vida sientes una conexión profunda. ¿Qué actividades o temas te hacen sentir más vivo y lleno de energía?

Observa también cuáles son tus fortalezas y talentos naturales. ¿En qué áreas destacas y te sientes seguro de ti mismo? Identificar estas habilidades te ayudará a encontrar un propósito que te permita utilizar tus dones y contribuir al mundo de una manera significativa.

Recuerda que el propósito y el significado en la vida no se encuentran de la noche a la mañana. Es un proceso de autodescubrimiento y crecimiento personal que puede llevar tiempo. Pero no te desanimes, cada paso que des en esta dirección te acercará más a una vida plena y satisfactoria.

He realizado esta pregunta a miles de personas a lo largo de mis conferencias y seminarios en donde hasta la fecha no he conseguido una sola persona que tenga claro lo que es el propósito de su vida, por esa misma razón quiero aprovechar en medio de estas líneas y luego de leer lo anterior ¿Cuál es tu propósito? no te preocupes si aún no tienes la respuesta, la ideas es que lo descubras aquí y luego puedes responder en mis redes sociales o incluso en los comentarios de amazon, estaré muy feliz de saber que lograste encontrarlo.

Una vez que hayas reflexionado sobre tus valores, pasiones y fortalezas, podrás comenzar a explorar diferentes opciones y oportunidades que estén alineadas con tu propósito. No tengas miedo de probar cosas nuevas y seguir tus instintos. El camino hacia el propósito no siempre es lineal, pero cada experiencia te enseñará algo valioso y te acercará más a tu objetivo.

Investiga diferentes áreas y carreras que te interesen. Busca mentores y personas inspiradoras que puedan guiarte en tu camino. No te compares con los demás, cada persona tiene su propio viaje y su propio propósito. Recuerda que el propósito puede cambiar a lo largo de tu vida, ¡eso es parte de la belleza del crecimiento personal!

Mantén una mentalidad abierta y flexible, estar dispuesto a adaptarse y crecer. Siguiendo estos consejos, estarás en el camino hacia la búsqueda de tu propósito y significado en la vida. La vida es una oportunidad para descubrir quiénes somos y qué queremos lograr, no tengas miedo de seguir explorando y creciendo en tu viaje personal.

Encuentra actividades que te llenen de alegría y satisfacción

¿Alguna vez te has preguntado cuál es tu propósito en la vida? Esta pregunta nos despierta la curiosidad y nos lleva a reflexionar sobre nuestro camino y nuestra existencia. Encontrar nuestro propósito y significado en la vida es como descubrir un tesoro escondido, algo que nos llena de alegría y satisfacción. Es la clave para tener una mentalidad positiva y vivir una vida plena.

La buena noticia es que todos podemos encontrar nuestro significado en la vida, independientemente de la edad, circunstancias o experiencias pasadas. La clave está en buscar actividades que nos llenen de alegría y satisfacción.

¿Recuerdas cuando eras niño y hacías cosas que te encantaban? Tal vez pintabas, bailabas, escribías o simplemente jugabas al aire libre. Esas actividades eran tu fuente de felicidad y te hacían sentir vivo. A medida que crecemos, dejamos de lado esas actividades y nos enfocamos en responsabilidades y obligaciones.

Sin embargo, esas actividades que nos llenaban de alegría cuando éramos niños siguen siendo igual de importantes en la vida adulta. Solo necesitamos encontrar la forma de incorporarlas en nuestras vidas actuales. Puede que al principio sea un desafío, pero vale la pena el esfuerzo.

Buscar actividades que te llenen de alegría y satisfacción es fundamental para encontrar tu propósito y significado en la vida. Estas actividades pueden ser diferentes para cada persona, pero es importante dedicar tiempo a explorar y descubrir qué te hace sentir realmente vivo y pleno.

No temas probar cosas nuevas y salir de tu zona de confort. La exploración y la experimentación son clave para descubrir qué actividades te llenan de alegría y contribuyen a tu bienestar emocional y mental. No tengas miedo de seguir tu corazón y buscar aquello que te haga sentir realmente feliz y satisfecho.

Observando patrones en nuestro pasado

La identificación de patrones en nuestras experiencias pasadas puede ser una herramienta poderosa para descubrir pistas sobre nuestro propósito y dirección en la vida. Al observar los patrones recurrentes, tanto positivos como negativos, podemos obtener una mayor comprensión de nosotros mismos y de lo que realmente deseamos en la vida.

Para empezar, es importante reconocer que todos nosotros tendemos a repetir ciertos comportamientos y situaciones en nuestras vidas. Estos patrones pueden ser el resultado de nuestras creencias, valores y experiencias pasadas. Al prestar atención a estos, podemos comenzar a comprender mejor por qué actuamos de cierta manera y cómo podemos cambiar para lograr un mayor bienestar y realización personal.

Aquellos positivos pueden ser señales de que estamos en el camino correcto hacia la realización de nuestro propósito en la vida. Por ejemplo, si siempre hemos disfrutado de enseñar a los demás, esto podría sugerir que nuestra verdadera vocación se encuentra en la educación o en ayudar a los demás a crecer y desarrollarse. Al reconocer y honrar estos patrones positivos, podemos tomar decisiones más alineadas con nuestras pasiones y valores, lo que nos llevará a una mayor satisfacción y plenitud en la vida.

Por otro lado, los patrones negativos también pueden contener valiosas lecciones y pistas sobre lo que necesitamos cambiar en nuestra vida. Si constantemente nos encontramos en relaciones tóxicas o en trabajos que nos hacen infelices, esto podría ser una señal de que necesitamos establecer límites más claros, trabajar en nuestra autoestima o cambiar nuestra forma de relacionarnos con los demás. Al identificar estos y tomar medidas para romperlos, podemos abrir nuevas oportunidades para el crecimiento personal y la transformación.

Es importante tener en cuenta que el proceso de identificar y cambiar los patrones en nuestras vidas puede llevar tiempo y esfuerzo. Requiere autoconciencia, reflexión y acción para romper con las viejas costumbres y establecer nuevas formas de ser y actuar en el mundo. Sin embargo, el resultado puede ser una vida más auténtica, satisfactoria y significativa.

Una forma de identificar patrones en nuestras vidas es llevar un diario o cuaderno de reflexiones. En él, puedes registrar tus pensamientos, emociones y experiencias diarias, y luego revisarlos periódicamente en busca de patrones recurrentes. Pregúntate a ti mismo: ¿Qué situaciones me hacen sentir feliz o triste? ¿Qué comportamientos tiendo a repetir una y otra vez? ¿Qué lecciones puedo aprender de mis experiencias pasadas para mejorar mi presente y futuro?

Además, también puedes buscar el apoyo de un terapeuta, coach o mentor para ayudarte en este proceso de descubrimiento y transformación personal. Ellos pueden ofrecerte una perspectiva externa, herramientas y técnicas para identificar y cambiar los patrones que ya no te sirven y fomentar aquellos que te acercan a tu propósito y dirección deseada en la vida.

Explora tus intereses y descubre lo que te apasiona

Descubrir tus verdaderos intereses y encontrar tu pasión es un proceso que requiere tiempo y dedicación. Es importante estar dispuesto a explorar diferentes actividades, hobbies y áreas de interés para descubrir lo que realmente te motiva. Recuerda que tus pasiones pueden evolucionar con el tiempo, por lo que no debes preocuparte si lo que te apasionaba antes ya no te motiva de la misma manera. Está bien explorar nuevas áreas y descubrir nuevas pasiones a lo largo de tu vida.

Una excelente manera de descubrir tus gustos y encontrar tu pasión es conectarte con personas que comparten tus intereses. Puedes unirte a comunidades en línea, grupos en redes sociales o participar en eventos relacionados con tus hobbies. Al interactuar con otros que tienen gustos similares, podrás obtener ideas y consejos sobre diferentes actividades y proyectos que podrías explorar. Es importante escuchar sus experiencias y preguntarles qué es lo que les apasiona de sus aficiones para tener una mejor comprensión de tus propios intereses. No importas si no estás seguro de que sea eso lo que quieres, la idea es que vayas experimentando y descartando o aceptando según sea el caso.

No tengas miedo de acercarte a las personas con las que compartes intereses y entablar conversaciones significativas. Muchas personas estarán encantadas de compartir sus conocimientos y experiencias contigo. Al formar parte de una comunidad de personas con gustos similares, podrás establecer conexiones valiosas y encontrar el apoyo necesario en tu camino hacia el descubrimiento de tu pasión.

Es esencial recordar que estas conversaciones no solo te darán ideas sobre actividades específicas, sino que también te ayudarán a identificar qué aspectos de esas actividades te emocionan más. Observa tus emociones y reacciones al hablar sobre diferentes temas, ya que te darán pistas importantes sobre lo que realmente te apasiona.

En la vida, es importante estar dispuesto a probar cosas nuevas y salir de tu zona de confort. El miedo al cambio o a lo desconocido puede limitarte en tu búsqueda de pasión. Sin embargo, recuerda que el crecimiento personal y la realización personal suelen encontrarse al otro lado de la comodidad. Si te encuentras en una etapa en la que no estás seguro de cuáles son tus verdaderos intereses, es momento de explorar diferentes áreas y actividades. Haz una lista de cosas que te interesan y experimenta con ellas. No temas probar nuevos hobbies, deportes, clases o incluso viajar a nuevos lugares. La clave está en abrirte a nuevas experiencias y estar dispuesto a ampliar tus horizontes.

Explora lo que realmente te gusta a través de probar cosas diferentes y conocerte a ti mismo con estos tips:

- Haz actividades que te resulten interesantes, Prueba varios pasatiempos y hobbies, Descubre nuevos lugares y culturas. Conecta con personas que compartan tus intereses, Participa en eventos y charlas relacionadas con lo que te gusta.

- Es fundamental experimentar para descubrir lo que te apasiona de verdad. No te quedes solo con una cosa, sino que explora diversas opciones y mantén una actitud abierta. Cada experiencia puede llevarte a algo nuevo y emocionante.
- Además de experimentar, es clave dedicar tiempo a conocerte a ti mismo. Piensa en tus fortalezas, intereses y valores. ¿Qué te hace sentir realmente vivo y feliz? ¿Qué actividades te hacen perder la noción del tiempo? Identificar tus verdaderas pasiones te ayudará a sentirte más pleno.
- No te compares con los demás, cada quien tiene su propio camino y tiempo. No todos descubrimos nuestra pasión al mismo tiempo, y está bien. Enfócate en lo que tú disfrutas y sigue tu propio ritmo. Confía en que encontrarás lo que te apasiona en el momento adecuado.
- Descubrir lo que te gusta puede llevar tiempo y paciencia, pero el viaje en sí mismo es emocionante y gratificante. Disfruta de explorar y no tengas miedo de perseguir tus sueños. La clave está en salir de tu zona de confort, experimentar y conectarte contigo mismo.
- Mantén una mente abierta y experimenta con diferentes áreas y campos. Pruébate en diferentes hobbies, actividades y carreras que te interesen. No tengas miedo de explorar cosas nuevas, a veces descubriremos una pasión oculta en áreas que nunca habíamos considerado.
- Recuerda que cada persona puede tener múltiples intereses y pasiones en diferentes áreas de la vida. No te limites y disfruta de varias actividades que te apasionen. No es necesario que tu pasión sea tu carrera, puede ser un hobby o algo que te llene personalmente fuera del trabajo.
- Para descubrir lo que te gusta, mantén una mente abierta, experimenta con diferentes áreas y disfruta del proceso. Sigue tus instintos y escucha tu voz interior para encontrar

tu verdadera pasión. No temas adentrarte en nuevas experiencias y descubrir lo que realmente te hace feliz.

- Haz una lista de tus intereses y hobbies para ayudarte a descubrir lo que te apasiona de verdad. Piensa en aquellas actividades que te hacen sentir feliz y emocionado. ¿Te gusta la música, el arte, cocinar, hacer deporte o escribir? Explora más a fondo cada interés para descubrir lo que realmente te apasiona.

Aspectos relevantes para cumplir tu propósito de vida mediante metas específicas

Establecer metas y objetivos claros es esencial para encontrar tu propósito y significado en la vida. Cuando tienes metas definidas, te sientes motivado y enfocado en lograr lo que realmente deseas. Además, las metas te brindan una dirección clara y te ayudan a trazar un camino que te lleve hacia una vida plena y satisfactoria.

Para establecer metas y objetivos claros, es importante que reflexiones sobre tus pasiones y lo que te hace feliz. ¿Qué te llena de energía y entusiasmo? Identificar tus pasiones te permitirá definir metas que estén alineadas con tus valores y deseos más profundos.

No te limites solo a establecer metas a corto plazo, también es fundamental que te plantees objetivos a largo plazo. Estos te darán una visión más amplia de lo que deseas lograr en tu vida y te ayudarán a mantener el enfoque en tu propósito. Recuerda que las metas pueden evolucionar con el tiempo, por lo que no debes tener miedo de ajustarlas si es necesario.

Una vez que hayas establecido tus metas y objetivos, es importante que los anotes y los visualices de forma constante. Puedes crear una lista o un tablero de visiones donde puedas verlos diariamente. Esto te recordará lo que estás buscando y te mantendrá motivado para perseverar.

Además, es fundamental establecer hábitos positivos que te ayuden a mantener la motivación a largo plazo. La consistencia en tus acciones y la disciplina en seguir tus metas te llevarán más cerca de encontrar tu propósito y significado en la vida. Mantén una mentalidad positiva y enfocada en el crecimiento personal para superar los desafíos que puedan surgir en el camino. Este enfoque nos permite dirigir nuestra energía y esfuerzo de manera efectiva, manteniéndonos motivados y enfocados en el logro de nuestros objetivos más profundos.

El propósito de vida es esa fuerza interior que nos impulsa a vivir de acuerdo a nuestros valores más auténticos, a nuestras creencias más arraigadas y a nuestros deseos más sinceros. Es el motor que nos lleva a tomar decisiones fundamentales, a emprender acciones significativas y a avanzar en nuestra trayectoria personal con determinación y sentido de dirección. En este contexto, la clarificación de objetivos se revela como un paso esencial para conectar con ese propósito y para trazar un camino coherente con nuestra esencia más genuina.

Al establecer metas claras y específicas que estén alineadas con nuestro propósito de vida, nos aseguramos no solo de avanzar en la dirección correcta, sino también de experimentar un sentido de conexión y plenitud con lo que estamos haciendo. Cada meta alcanzada nos acerca un poco más a la realización de nuestro propósito, reforzando nuestra motivación y compromiso con nuestras metas. La claridad en los objetivos nos brinda una guía constante en momentos de duda o confusión, recordándonos el porqué de nuestras acciones y el significado más profundo de nuestra existencia.

En este sentido, la clarificación de objetivos nos ayuda a definir con precisión lo que queremos lograr en las diferentes áreas de nuestra vida, ya sea en el ámbito personal, profesional, familiar, social o espiritual. Al tener claro el rumbo hacia el cual nos dirigimos, podemos gestionar de manera eficaz nuestros recursos, optimizando el tiempo, la energía y los esfuerzos que dedicamos a la consecución de nuestras metas. Establecer metas concretas y alineadas con nuestro propósito nos permite enfocar nuestras acciones en aquello que realmente nos importa, evitando tareas o actividades que no contribuyen a nuestro crecimiento o bienestar.

La claridad en los objetivos nos brinda una visión más amplia de nuestra vida y nos ayuda a identificar las áreas en las cuales queremos enfocar nuestros esfuerzos. Este proceso de reflexión y definición nos permite visualizar con mayor nitidez el camino que debemos recorrer para alcanzar nuestras metas, así como los obstáculos o desafíos que podríamos enfrentar a lo largo del camino. La clarificación de objetivos nos invita a ser conscientes de nuestras fortalezas y debilidades, de nuestras oportunidades y amenazas, lo que nos permite diseñar estrategias efectivas para avanzar hacia la materialización de nuestro propósito de vida.

Por otro lado, establecer metas que estén en consonancia con nuestro propósito de vida nos garantiza que nuestras acciones estén alineadas con nuestras pasiones, valores y aspiraciones más profundas. Cuando nuestras metas reflejan lo que realmente nos mueve y nos inspira, experimentamos una mayor sensación de satisfacción y plenitud en el proceso de alcanzarlas. Sentimos que cada paso que damos nos acerca más a la realización de nuestro propósito, y que cada logro nos fortalece en nuestro camino de autodescubrimiento y crecimiento personal.

En este sentido, la coherencia entre nuestras metas y nuestro propósito de vida nos ayuda a mantenernos enfocados en lo que verdaderamente nos importa, a pesar de las distracciones, obstáculos o críticas que puedan surgir en nuestro entorno. Cuando tenemos claro cuál es nuestro propósito y hacia dónde queremos dirigir nuestra vida, somos capaces de superar los desafíos con determinación y resiliencia, manteniendo la vista en la meta final y en el impacto positivo que queremos generar en el mundo.

Mantener el enfoque y la motivación a medida que avanzamos en la consecución de nuestras metas es fundamental para vivir de acuerdo a nuestro propósito de vida. Es normal que a lo largo del camino surjan situaciones que pongan a prueba nuestra resolución, nuestra confianza o nuestro compromiso con nuestras metas. En esos momentos de incertidumbre o de desaliento, recordar por qué estamos haciendo lo que estamos haciendo y cuál es el significado más profundo de nuestras acciones nos brinda la fuerza y la determinación necesarias para seguir adelante.

La clarificación de objetivos nos permite tener presente en todo momento cuál es nuestro propósito de vida y cómo cada meta que nos fijamos nos acerca un paso más a su cumplimiento. Esta consciencia nos ayuda a mantenernos firmes en nuestro camino, a pesar de los obstáculos que puedan surgir, y nos brinda la confianza y la convicción necesarias para seguir avanzando en la dirección correcta. Al tener claridad en nuestros objetivos, nos sentimos más seguros de nosotros mismos, más comprometidos con nuestra misión y más motivados para alcanzar nuestros sueños más grandes.

En último término, establecer metas claras y específicas que estén alineadas con nuestro propósito de vida nos insta a vivir de manera consciente y deliberada, a enfocar nuestra energía en aquello que realmente nos mueve y nos inspira. La clarificación de objetivos nos brinda una hoja de ruta clara y precisa que nos guía en nuestro viaje hacia la realización personal y el sentido de plenitud. Nos ayuda a tomar decisiones más efectivas, a gestionar mejor nuestras prioridades y a mantenernos fieles a nuestra visión de vida, incluso en los momentos más desafiantes.

Capítulo 5: Transformando creencias limitantes

"Las voluntades débiles se traducen en discursos; las fuertes, en actos".

G. Le Bon

Nuestra visión del mundo está moldeada por nuestras creencias, las cuales actúan como el filtro a través del cual interpretamos nuestras experiencias y emociones. Son como el guion interno que dicta cómo percibimos y reaccionamos ante lo que nos rodea, influenciando incluso nuestra conducta.

El psicoterapeuta Albert Ellis destacó el papel fundamental de las creencias en nuestras emociones y acciones. Según él, estas pueden generar tanto ansiedad y tristeza como alegría y entusiasmo, afectando así nuestra manera de afrontar las situaciones. Si creemos en nuestro potencial y valía personal, estaremos más inclinados a tomar acciones activas para alcanzar nuestras metas. Por el contrario, si dudamos de nuestras capacidades, es probable que adoptemos una actitud pasiva y nos resignemos ante los desafíos.

Esta idea se refleja en la famosa cita de Henry Ford: "Si crees que puedes, tienes razón. Si crees que no puedes, también tienes razón". Las creencias, entonces, pueden convertirse en profecías autocumplidas, influyendo en nuestro comportamiento de acuerdo con nuestras expectativas.

Un ejemplo ilustrativo de este fenómeno es el experimento conocido como el "Efecto Pigmalión", realizado por los psicólogos Rosenthal y Jacobson en 1968. En este experimento, los profesores fueron informados falsamente, de que ciertos alumnos tenían un alto cociente intelectual. Como resultado, estos estudiantes recibieron más atención y se les brindaron mayores oportunidades de éxito académico. Al concluir el curso, se evidenció que estos estudiantes habían logrado un rendimiento notablemente superior, lo que sugiere que el cambio en la interacción profesor-alumno modificó las creencias de los estudiantes, y como resultado, alcanzaron resultados que los posicionaron como alumnos extraordinarios.

En definitiva, nuestras creencias no solo moldean nuestra percepción del mundo, sino que también pueden influir en nuestra conducta y en la de los demás. Es fundamental, entonces, ser conscientes de nuestras creencias limitantes y estar dispuestos a desafiarlas y reprogramarlas si queremos alcanzar nuestro máximo potencial. En este capítulo, exploraremos cómo transformar estas creencias para crear una vida más plena y satisfactoria.

Aquí aprenderás sobre las creencias limitantes, esas ideas que tenemos sobre nosotros mismos y nuestras capacidades que nos impiden alcanzar nuestro potencial. Estas pueden ser sobre nuestras habilidades, las posibilidades de lograr algo o incluso sobre nuestro merecimiento. Veremos ejemplos de estas y cómo identificarlas en nuestra vida. Además, exploraremos las acciones que podemos tomar para transformar estas creencias limitantes y las consecuencias de no hacerlo.

Nuestras creencias determinan nuestra vida

Según el psicólogo y premio Nobel Daniel Kahneman, todos poseemos en algún momento, creencias que carecen de evidencia, pero aun así les otorgamos una validez absoluta. Dentro de este conjunto se encuentran las creencias limitantes, las cuales representan obstáculos significativos en el desarrollo personal y profesional de un individuo. Aunque estas creencias pueden tener un impacto negativo en la vida de las personas, desactivarlas o cambiar su sentido no es una tarea sencilla. Esto se debe a una serie de factores psicológicos y sociales que influyen en la forma en que las personas perciben y procesan la información.

Según datos estadísticos de Estados Unidos, aproximadamente el 85% de las personas experimentan algún tipo de creencia limitante en su vida, lo que demuestra la magnitud del problema y la necesidad de abordarlo de manera efectiva. Por tal razón el reconocimiento y la exploración de nuestras creencias y valores son aspectos fundamentales en nuestras vidas. Cada día, sin siquiera ser conscientes de ello, operamos dentro de un sistema de creencias que influye en nuestras decisiones, acciones y percepciones del mundo que nos rodea.

Sin embargo, adentrarse en el mundo de nuestras propias creencias no es una tarea sencilla. No solemos detenernos a cuestionar nuestras percepciones, y mucho menos nos planteamos preguntas como "¿Cuál es mi creencia limitante en esta situación?". Este tipo de introspección requiere un nivel de conciencia y autocrítica que no solemos tener en nuestro día a día.

La manera más accesible de identificar nuestras creencias es a través del lenguaje que utilizamos. Nuestras palabras revelan mucho sobre nuestra forma de pensar y percibir el mundo. Por ejemplo, los operadores modales como "debería" o "no soy capaz" pueden indicar creencias ocultas sobre nuestras habilidades y capacidades. Las nominalizaciones, como "el honor" o "la frustración", nos muestran cómo conceptualizamos ciertas experiencias. Y los juicios generalizados, como "siempre" o "nunca", revelan nuestras tendencias hacia la generalización.

La identificación de nuestras creencias nos lleva a confrontar aspectos de nosotros mismos que a menudo preferimos ignorar. Nos confronta con nuestras inseguridades, miedos y prejuicios arraigados. Sin embargo, este proceso de autoexploración es esencial para nuestro crecimiento personal y profesional. Nos permite entender cómo nuestras creencias moldean nuestras acciones y percepciones, y nos brinda la oportunidad de cuestionar aquellas que pueden estar limitándonos.

¿Que son las creencias limitantes?

Las creencias limitantes son pensamientos que creamos acerca de nosotros mismos y de la realidad que nos rodea, y que nos impiden alcanzar nuestras metas. En pocas palabras, estas ideas negativas boicotean nuestra mente y limitan nuestro crecimiento personal, laboral, social y emocional.

Estas se forman a través de un proceso psicológico complejo que involucra principalmente la estructura y función del cerebro, así como la interacción entre nuestras experiencias, cogniciones y emociones.

En términos neurocientíficos, las mismas pueden estar arraigadas en la plasticidad cerebral, la capacidad del cerebro para adaptarse y cambiar en respuesta a experiencias y aprendizaje. Experiencias negativas repetidas pueden llevar a la activación de circuitos neuronales específicos asociados con emociones como el miedo o la autoevaluación negativa, fortaleciendo así las conexiones neuronales que respaldan estas creencias.

Además, la formación de creencias limitantes puede relacionarse con la función de áreas cerebrales clave, como la amígdala, que está involucrada en la respuesta al miedo y la ansiedad, y la corteza prefrontal, que participa en procesos cognitivos como la toma de decisiones y la autoevaluación. Un desequilibrio en la actividad de estas regiones puede predisponer a la adopción de creencias negativas sobre uno mismo o el mundo.

Desde una perspectiva psicológica, estos pensamientos también pueden ser el resultado de procesos cognitivos como la interpretación selectiva de la información, donde tendemos a prestar más atención a los eventos que confirman nuestras creencias existentes y descartamos aquellos que las contradicen. Además, la falta de autoeficacia, es decir, la creencia en nuestras propias capacidades para lograr objetivos, puede influir en la formación y mantenimiento de creencias limitantes, ya que una baja autoconfianza puede llevar a interpretaciones negativas de nuestras habilidades y posibilidades de éxito.

Una creencia limitante actúa como un obstáculo que nosotros mismos ponemos en nuestro camino y que nos impide avanzar. Cuando creemos que no podemos hacer algo, nos paralizamos. Aunque no haya un peligro real o las consecuencias de nuestra acción sean mínimas, estas creencias limitantes nos llevan a tener una visión pesimista y extrema.

Por ejemplo, en el ámbito de las relaciones y la interacción social, muchas personas, especialmente hombres, sienten temor al acercarse a personas del sexo opuesto. Creencias limitantes como "no le gusto", "¿qué pensará de mí?", "no estoy a su nivel" o "es demasiado para mí", hacen que estas personas ni siquiera se atrevan a acercarse a la otra persona.

En realidad, las consecuencias de una situación como esta son mínimas. Lo peor que pueda pasar es que la persona no muestre interés, pero su rechazo no representa un peligro para nosotros. Sin embargo, solemos sentir el mismo estrés y miedo como si estuviéramos en una situación de vida o muerte: aceleración del pulso, sudoración, tartamudeo, temblores, etc.

Nuestras creencias limitantes a menudo nos sabotean, y esto ocurre con frecuencia en diferentes áreas de la vida.

Causas de las creencias limitantes

Las creencias limitantes pueden tener diversas causas. La percepción que tenemos de nosotros mismos se forma durante nuestra infancia y adolescencia, lo que influye en nuestra manera de pensar en la edad adulta.

Asimismo, experiencias negativas o traumáticas pueden contribuir a la formación de las mismas. Si hemos vivido situaciones que nos han afectado de manera negativa, es probable que hayamos interiorizado ideas que nos limitan y nos impiden avanzar.

Compararnos constantemente con otros también puede alimentar estos criterios. Si nos comparamos con personas y sentimos que no estamos a la altura, esto puede generar pensamientos negativos que nos detienen en nuestro progreso.

En este sentido, la influencia de nuestro entorno familiar, social y educativo puede marcar nuestro camino en la vida. Si durante la infancia escuchamos frases como "nunca lograrás nada", "tu hermano es mejor que tú", "eres inútil" o "siempre serás un fracasado", es probable que nuestras creencias limitantes se arraiguen y nos impidan crecer.

Es importante educar a los niños desde pequeños con pensamientos positivos y potenciadores para que crezcan creyendo en sus capacidades y posibilidades de éxito en la vida. De esta manera, podrán alcanzar sus metas sin obstáculos.

Además, estas creencias pueden surgir en la edad adulta por diversas razones, como una mala experiencia, un fracaso significativo o la influencia negativa de personas tóxicas en nuestra vida.

Hay ciertas ideas que nos impiden avanzar y crecer en diferentes aspectos de nuestra vida. Aquí tienes ejemplos de estas creencias que pueden afectarnos:

- En el trabajo, a menudo pensamos que no podemos conseguir un buen trabajo, montar un negocio exitoso es imposible, o que hay personas mejores que nosotros al enviar una candidatura. También dudamos en alcanzar un sueldo más alto o merecer un ascenso. Nos sentimos incapaces de cumplir con las expectativas o estar a la altura para un trabajo mejor, comparándonos constantemente con nuestros compañeros.

- En las relaciones sentimentales, creemos que nadie se fijará en nosotros, alguien es demasiado bueno para nosotros, nos rechazarán si nos acercamos, o no tenemos nada que pueda agradarle a alguien. Subestimamos nuestras capacidades y nos comparamos con los demás, sintiéndonos inferiores.

- En el aprendizaje, pensamos que aprender algo nuevo es demasiado difícil, carecemos de capacidad para aprender algo específico, somos demasiado mayores para adquirir nuevos conocimientos, o nunca alcanzaremos el nivel de conocimiento de otras personas. Nos subestimamos y creemos que no somos buenos para estudiar o aprender.

- En cuanto al dinero, consideramos que es algo malo y que no merecemos tener más. Creemos que tener más dinero nos convertirá en personas peores, asociamos la riqueza con la maldad y pensamos que no tenemos habilidades para gestionarlo. Además, creemos que siempre seremos pobres.

Estos juicios suelen derivar en miedos, como el miedo al rechazo, al hablar en público, a no encontrar trabajo o a hacer el ridículo. Es fundamental identificar y cuestionar estas creencias para superarlas y alcanzar nuestro máximo potencial. Recuerda que tienes la capacidad de cambiar tu forma de pensar y creer en ti mismo para lograr tus metas.

Superando las creencias limitantes

Las creencias limitantes pueden afectar tu capacidad de crecimiento personal y profesional al impedirte alcanzar tus metas y sueños. Es importante identificar y desafiar estos pensamientos negativos para poder superarlos y lograr el éxito que deseas.

Estas pueden clasificarse en tres tipos principales: creencias de posibilidad, creencias de capacidad y creencias de merecimiento, que pueden sabotear tus procesos y limitar tu potencial de crecimiento. Las creencias de posibilidad, se basan en la idea de que algo es imposible de lograr. Estas creencias te hacen pensar que ciertas metas o sueños están fuera de tu alcance, tanto para ti como para los demás.

Por ejemplo, si crees que es imposible generar riqueza si vienes de una familia humilde, estás adoptando una creencia de posibilidad limitante. Esta idea te impide buscar oportunidades de crecimiento económico y te mantiene en una mentalidad de escasez.

Otra es pensar que no puedes trabajar de forma independiente y llevar una vida plena y feliz. Esta mentalidad te limita a buscar alternativas laborales que se ajusten a tus necesidades y preferencias, impidiéndote explorar nuevas oportunidades.

Además, creer que es imposible emprender sin dinero es otra creencia limitante de posibilidad que puede frenar tus aspiraciones empresariales. Esta idea te impide buscar soluciones creativas y recursos alternativos para iniciar tu propio negocio.

Asimismo, pensar que jamás podrás tener la casa o el carro de tus sueños sin trabajar constantemente es otra creencia limitante de posibilidad. Esta mentalidad te aleja de la posibilidad de alcanzar tus metas materiales y te mantiene en un ciclo de esfuerzo constante sin disfrutar de los logros obtenidos.

Finalmente, creer que no puedes trabajar y estudiar al mismo tiempo es otra creencia limitante de posibilidad que puede limitar tus oportunidades de desarrollo personal y profesional. Esta idea te impide buscar un equilibrio entre tus responsabilidades laborales y académicas, frenándote en tu crecimiento integral.

Para superar las creencias limitantes de posibilidad, es fundamental cuestionar estas ideas y buscar evidencia que demuestre lo contrario. Recuerda que tú tienes el poder de cambiar tus creencias y de alcanzar tus metas, siempre y cuando te dediques a desafiar y superar los pensamientos negativos que te limitan.

Las creencias de capacidad son pensamientos que pueden limitar tu crecimiento personal y tus oportunidades de éxito. Estas ideas te hacen creer que no eres capaz de alcanzar ciertas metas o logros que otras personas sí han alcanzado. Esta mentalidad limitante puede tener un impacto negativo en tu vida, impidiéndote alcanzar tu máximo potencial.

Es fundamental reconocer y desafiar estas creencias limitantes para poder superarlas. Si tienes la creencia de que no puedes lograr algo, estás estableciendo una barrera invisible que te impide avanzar. Es importante recordar que tus creencias no son hechos, sino simplemente ideas que puedes cambiar si te lo propones.

Por ejemplo, si crees que nunca podrás aprender inglés porque no se te dan bien los idiomas, estás limitando tu capacidad de crecimiento personal. En realidad, cualquier persona puede aprender un nuevo idioma si se lo propone y se esfuerza en ello. Cambiar esta creencia limitante te abrirá nuevas oportunidades y te permitirá alcanzar tus metas.

Otro ejemplo común es pensar que no eres capaz de ahorrar lo suficiente para realizar el viaje de tus sueños. Esta mentalidad te impide planificar de manera efectiva tus finanzas y te aleja de tus objetivos. Es importante cambiar esta creencia y trabajar en tus habilidades financieras para poder cumplir tus deseos de viaje.

Es relevante entender que las creencias de capacidad son flexibles y pueden modificarse a lo largo del tiempo. Es fundamental desafiar estas ideas limitantes y reemplazarlas por pensamientos más positivos y constructivos. Recuerda que eres capaz de lograr todo aquello en lo que te propongas, siempre y cuando trabajes en ello y te dediques a superar tus propias limitaciones.

Las creencias de merecimiento pueden tener un impacto negativo en tu autoestima y personalidad, haciéndote sentir inseguro e impidiendo que alcances tus metas. Según psicólogos reconocidos, las personas que tienen estas creencias suelen pensar que necesitan sacrificarse mucho para merecer algo, y dudan de su valía si logran algo sin esfuerzo.

Por ejemplo, algunas personas pueden pensar que no merecen una beca porque creen que otros son más adecuados, o que no merecen un aumento de sueldo si no han trabajado lo suficiente para ello. Estas creencias pueden estar arraigadas en ideas como la humildad o la falta de méritos personales.

Las creencias de merecimiento están profundamente relacionadas con tus pensamientos y percepciones como individuo. Si piensas constantemente que no mereces ciertas cosas, te limitarás y no podrás alcanzar tu mejor versión.

Es importante identificar y desafiar estas creencias limitantes para avanzar y alcanzar tu máximo potencial. Reflexiona sobre tus creencias de merecimiento y cómo afectan tus acciones y decisiones diarias, y considera las siguientes estrategias para superarlas:

- Reconocer tus creencias limitantes: Identifica tus creencias de merecimiento y analiza cómo han influenciado tus decisiones.
- Cuestionar tus pensamientos: Desafía tus creencias de merecimiento preguntándote si realmente necesitas sacrificar tanto. ¿Por qué no podrías disfrutar del éxito sin sufrir?
- Practicar la autoaceptación: Valora tus méritos y acepta tus cualidades positivas, trabajando en áreas de mejora.
- Visualizar tus metas: Imagina alcanzar tus objetivos sin sentirte indigno. Visualiza el éxito y siéntete orgulloso de tus logros.

- Buscar apoyo: Rodéate de personas que te apoyen y te impulsen a creer en ti mismo.
- Buscar ayuda profesional: Considera hablar con un profesional de la salud mental si sientes que tus creencias de merecimiento te limitan significativamente.

Recuerda que mereces alcanzar tus sueños y metas, independientemente de lo que creas merecer. Trabaja en desafiar y superar tus creencias de merecimiento para liberar tu potencial y lograr lo que te propongas.

Transformando nuestros pensamientos

Para eliminar y cambiar creencias limitantes, es importante reconocer que muchas de las ideas que llevamos con nosotros no tienen base en la realidad. Estas pueden haber sido construidas por nosotros mismos o impuestas por otros, y actúan como obstáculos en nuestra vida. Es fundamental liberarnos de ellas para empoderarnos.

Para modificar estas, hay varias acciones que podemos tomar. En primer lugar, es relevante tener en cuenta que estas creencias están afectando nuestra autoestima y confianza. Es necesario cuestionar la visión que tenemos del mundo y de nosotros mismos para identificar las trampas emocionales y cognitivas que nos están limitando y encontrar la posibilidad de ser felices.

Es importante tener en cuenta que cambiar estas creencias no es tarea fácil. Muchas de estas ideas negativas que nos afectan han estado con nosotros desde la infancia. Frases como "no eres lo suficientemente bueno" o "es mejor no intentarlo" se quedan grabadas en nuestra mente y limitan nuestro potencial de crecimiento.

A pesar de que sepamos que estas creencias no son útiles, siguen estando presentes en nuestra mente. Sin embargo, es importante recordar que estas ideas limitantes no se ajustan a la realidad y no tienen evidencia que las respalde. Son simplemente pensamientos o emociones que hemos aceptado por falta de autoestima o por miedo.

La buena noticia es que estas creencias limitantes que nos impiden avanzar pueden ser eliminadas a través de la psicología y otras técnicas de desarrollo personal. Es fundamental reconocer que estas creencias nos condicionan y guían nuestras acciones, por lo que es necesario transformarlas en creencias potenciadoras que nos impulsen a superar retos y alcanzar nuestras metas.

Para cambiar esos criterios, es esencial seguir ciertos pasos y técnicas que te ayudarán a transformar tu forma de pensar y actuar. Aquí te presentaremos un plan detallado para lograrlo:

- Identificación: Lo primero que debes hacer es reconocer esas creencias negativas que están afectando tu autoestima. Observa tus pensamientos e identifica aquellos que te hacen sentir mal contigo mismo.
- Origen: Una vez que hayas identificado esas creencias limitantes, es importante que investigues de dónde provienen. Reflexiona sobre cómo se originaron y por qué están presentes en tu mente.
- Cambio de perspectiva: Imagina cómo sería tu vida si pudieras pensar de manera diferente. Por ejemplo, si crees que no puedes acercarte a las personas del sexo opuesto, visualiza cómo sería si fueras capaz de hacerlo con confianza. Este ejercicio te ayudará a ver los beneficios de adoptar una actitud más positiva.
- Recuerdos positivos: Recuerda momentos en los que has tenido éxito y has superado desafíos. Revive esas experiencias en las que te sentiste capaz y seguro de ti mismo. Esto te demostrará que tienes la capacidad de superar tus creencias limitantes.

- Reprogramación mental: Nuestro cerebro es como una computadora, puedes instalar programas positivos en lugar de creencias limitantes. Utiliza la autosugestión para repetirte frases afirmativas y potenciadoras a diario. Cambia tus pensamientos negativos por afirmaciones como "soy capaz de lograr mis metas", "merezco tener éxito" o "me siento cómodo interactuando con otros". Esto te ayudará a cambiar tu manera de pensar.
- Acción: Es fundamental poner en práctica lo aprendido. Aunque hayas trabajado en cambiar tus pensamientos, es importante enfrentar tus miedos actuando. Sal de tu zona de confort y enfrenta situaciones que te generen temor. Poco a poco, te sorprenderás al ver cómo tu confianza crece y cómo logras superar tus limitaciones.

El obstáculo invisible hacia una vida plena y satisfactoria

El impacto de estas creencias en nuestra vida es significativo, ya que pueden llegar a paralizarnos y evitar que alcancemos nuestro máximo potencial. Estas pueden influir en nuestras acciones diarias, limitando nuestra capacidad de tomar riesgos o decisiones importantes.

Es importante tener en cuenta que las mismas también se transmiten de generación en generación, perpetuándose en la sociedad si no son desafiadas o cambiadas de forma positiva. Esto significa que, si no nos detenemos a examinarlas, es probable que las pasemos a nuestros seres queridos, amigos o compañeros de trabajo, sin siquiera ser conscientes de ello.

Sin embargo, es necesario reconocer que algunas limitaciones son reales y válidas. Todos tenemos ciertas limitaciones en habilidades o características que nos definen y es importante aceptarlas para poder trabajar en ellas o buscar soluciones alternativas. Esto no significa que debamos permitir que estas limitaciones nos definan por completo, sino que debemos encontrar un equilibrio entre aceptarlas y trabajar para superarlas.

Es importante destacar que vivir solo dentro de nuestra zona de confort también puede tener consecuencias negativas. Estar atrapado en la misma rutina puede llevar a un deterioro de la autoestima y a enfrentar situaciones desafiantes sin la capacidad de respuesta adecuada. Es fundamental encontrar un equilibrio entre salir de nuestra zona de confort y aceptar nuestras limitaciones, de manera que podamos crecer y desarrollarnos de manera positiva.

¿Cómo puedes darte cuenta de que no tienes equilibrio en tu vida? Es cuando sientes que tu existencia en general es insatisfactoria, te has estancado, no estás evolucionando en ninguna dirección, no estás emprendiendo proyectos y te conformas con una vida limitada en estímulos. Esto afecta tu estado de ánimo de forma negativa.

Es importante reconocer que las creencias limitantes se forman desde temprana edad, pero también nos persiguen a lo largo de la vida. Aunque se pueda pensar que en la adolescencia somos más vulnerables, esto dependerá de nuestra personalidad. Algunos adolescentes pueden ser más retraídos, ansiosos o acomplejados, mientras que otros tienen una autoestima elevada y son más abiertos a experimentar y atreverse.

Las creencias limitantes también juegan un papel en la edad adulta, especialmente en áreas como el plano profesional y sentimental. En el ámbito laboral, pueden manifestarse en el miedo a asumir nuevas responsabilidades o funciones, por temor a no poder manejarlas. En cuanto a las relaciones sentimentales, pueden llevar a pensamientos negativos como "nunca se fijará en alguien como yo", limitando las posibilidades de establecer una conexión con alguien.

Es necesario tener consciencia de estas creencias y cómo influyen en nuestra vida. Siempre es importante tener un equilibrio entre reconocer nuestras limitaciones y no permitir que estas nos paralicen. Por un lado, es necesario aceptar que hay cosas que no podemos hacer o en las que no somos buenos, pero al mismo tiempo, no debemos permitir que estas creencias nos impidan avanzar y experimentar nuevas cosas.

Es fundamental estar alerta a las creencias limitantes que nos pueden estar frenando, ya que pueden impedirnos tomar decisiones importantes, asumir nuevos retos o emprender proyectos que nos hagan crecer. Es fundamental trabajar en cambiar estas creencias negativas por pensamientos más positivos y motivadores, que nos impulsen a superar nuestros límites y alcanzar nuestras metas y objetivos.

Para lograr un equilibrio entre reconocer nuestras limitaciones y no permitir que estas nos detengan, es importante trabajar en nuestra autoestima y confianza en nosotros mismos. Esto nos ayudará a enfrentar las creencias limitantes de una manera más positiva, y nos permitirá abrirnos a nuevas oportunidades y experiencias que nos ayudarán a crecer y desarrollarnos como personas.

Método C.R.E.A.R

El Método CREAR es una poderosa herramienta para transformar tus creencias limitantes en creencias que te empoderan. Cada paso es esencial y te guía desde la toma de consciencia hasta el refuerzo continuo de tus nuevos hábitos. Este método no solo te ayuda a identificar y cambiar creencias negativas, sino que también te capacita para actuar en alineación con tus nuevas creencias, permitiéndote crear un destino más positivo y lleno de posibilidades.

C - Consciencia

El primer paso hacia la transformación personal es tomar conciencia de las creencias limitantes que gobiernan tu vida. Estas creencias son pensamientos o convicciones que te frenan y te impiden alcanzar tu máximo potencial. Muchas veces, estas creencias son subconscientes y pueden estar arraigadas desde la infancia o influenciadas por experiencias pasadas. Identificarlas es relevante, ya que no puedes cambiar aquello de lo que no eres consciente.

Paso a paso:

- Reflexiona sobre tus áreas de dificultad: Piensa en las áreas de tu vida donde sientes que no estás alcanzando tus objetivos o donde te encuentras estancado.
- Escribe tus pensamientos y emociones: Toma un cuaderno y anota cualquier pensamiento negativo o excusa que surja cuando piensas en esos desafíos.
- Identifica patrones: Revisa lo que has escrito y busca patrones en tus creencias. Pregúntate: "¿Qué pienso de mí mismo en esta situación?" o "¿Qué creencias parecen repetirse?"
- Destaca las creencias limitantes: Marca o subraya las creencias que parecen ser más recurrentes y que claramente te frenan.

R - Reevaluación

Una vez que hayas identificado tus creencias limitantes, el siguiente paso es reevaluarlas. Este proceso implica cuestionar la validez de esas creencias, desafiar su veracidad y examinar las evidencias que las respaldan. Al hacer esto, puedes comenzar a desmantelar las creencias que no te sirven.

Paso a paso:

- Cuestiona la creencia: Pregúntate si esa creencia es realmente cierta. Por ejemplo, si tu creencia es "Nunca seré exitoso", pregúntate "¿Es absolutamente cierto que nunca tendré éxito?"

- Busca evidencia contraria: Recuerda momentos en los que has tenido éxito, por pequeño que sea. Esto socava la creencia limitante.
- Considera el origen: Pregúntate de dónde viene esta creencia. ¿Es algo que aprendiste de niño? ¿Proviene de una experiencia aislada?
- Escribe una nueva perspectiva: Anota cómo te sentirías si no tuvieras esta creencia. Escribe una nueva interpretación de la situación que sea más positiva y empoderadora.

E - Empoderamiento

Con las creencias limitantes desafiadas y debilitadas, ahora es el momento de crear y adoptar nuevas creencias que te empoderen. Estas nuevas creencias deben ser positivas, alineadas con tus metas, y formuladas de manera que refuercen tu confianza y capacidades.

Paso a paso:

- Crea afirmaciones positivas: Formula nuevas creencias que se contraponen a las limitantes. Por ejemplo, si la creencia limitante era "No soy lo suficientemente bueno", la afirmación positiva podría ser "Tengo las capacidades necesarias para lograr mis metas."
- Visualiza estas creencias en acción: Cierra los ojos e imagina cómo sería tu vida si estas nuevas creencias fueran tu realidad. ¿Cómo te comportarías? ¿Qué decisiones tomarías?
- Repite tus afirmaciones: Di estas afirmaciones en voz alta o escríbelas cada día, especialmente en la mañana y antes de dormir.

- Crea un mantra personal: Resume tus afirmaciones en una frase poderosa que puedas repetir cuando necesites motivación.

A - Acción

Las creencias, por sí solas, no son suficientes para cambiar tu vida; es necesario actuar en consecuencia. Este paso es fundamental porque solidifica tus nuevas creencias a través de acciones concretas. Al tomar medidas que reflejen tus nuevas creencias, fortaleces la conexión entre pensamiento y realidad.

Paso a paso:

- Establece metas claras: Define objetivos específicos que reflejen tus nuevas creencias. ¿Qué harías si ya creyeras plenamente en tu nuevo poder?
- Desglosa las acciones: Divide esas metas en pequeños pasos accionables que puedas empezar a tomar hoy.
- Crea un plan de acción: Escribe un plan detallado con fechas límites para cada acción. Asegúrate de que estas acciones sean consistentes con tus nuevas creencias.
- Toma acción inmediatamente: No esperes. Realiza al menos una acción pequeña hoy mismo que refleje tu nueva creencia.

R - Refuerzo

El cambio verdadero se mantiene a través del refuerzo constante. Para asegurar que tus nuevas creencias y acciones se conviertan en hábitos, es crucial rodearte de influencias positivas y desarrollar una rutina de gratitud y autoevaluación. El refuerzo regular ayuda a consolidar los cambios y te mantiene en el camino hacia tus metas.

Paso a paso:

- Rodéate de personas positivas: Busca la compañía de personas que te apoyen y refuercen tus nuevas creencias. Limita el tiempo con aquellos que refuercen tus viejas creencias limitantes.
- Cultiva la gratitud: Diariamente, escribe tres cosas por las que estés agradecido. Esto te ayudará a mantener una mentalidad positiva y enfocada en el crecimiento.
- Evalúa tu progreso: Cada semana, revisa tus metas y el progreso que has hecho. Ajusta tus acciones y creencias si es necesario.
- Mantén un diario: Anota tus pensamientos, avances y cualquier obstáculo que encuentres. Esto te permitirá reflexionar y reforzar tu compromiso con el cambio.

Capítulo 6: Nutrición para el cuerpo y la mente

"La salud es la mayor posesión. La alegría es el mayor tesoro. La confianza es el mayor amigo".

Lao Tzu

El panorama de la salud mental proyecta un futuro exigente: para el año 2030, se espera que los trastornos mentales sean la principal causa de discapacidad en todo el mundo, según la Organización Mundial de la Salud. Ya en la actualidad, enfrentamos una cifra alarmante: alrededor de 450 millones de personas en todo el mundo se ven afectadas por diversos trastornos mentales, lo que representa una carga significativa para la salud pública, la sociedad y la economía.

Lo preocupante es que estas cifras apenas capturan la complejidad del panorama, ya que no incluyen los síntomas subclínicos que afectan a una gran parte de la población de manera similar. Por lo tanto, es vital seguir explorando los numerosos factores que influyen en la prevención de los trastornos mentales y desarrollar estrategias efectivas para mitigar su prevalencia.

En este contexto, la alimentación surge como un componente esencial para el bienestar mental. Si bien siempre se ha reconocido su importancia para la salud física, cada vez se comprende mejor su impacto en la salud mental. Por ejemplo, numerosos estudios respaldan la asociación entre seguir una dieta de vegetales y pescado para un menor riesgo de depresión.

Además, la investigación ha demostrado que un mayor consumo de frutas y verduras tiene un efecto positivo en la salud psicológica, incluso sugiriendo que puede tener beneficios terapéuticos para quienes padecen depresión clínica.

Los ácidos grasos omega-3, presentes en ciertos alimentos como pescados, semillas de lino y nueces, han mostrado mejorar la función cognitiva y reducir el riesgo de trastornos mentales como la depresión y la ansiedad. Estos nutrientes desempeñan un papel crucial en el desarrollo y funcionamiento del cerebro, y su deficiencia se ha asociado con un mayor riesgo de diversos trastornos psiquiátricos.

Sin embargo, es importante destacar que la relación entre alimentación y salud mental es compleja y aún no se comprende completamente. A pesar de los avances científicos, todavía hay mucho por descubrir sobre qué alimentos pueden tener un impacto positivo y cuáles podrían ser perjudiciales.

Por ejemplo, la dependencia de alimentos ultraprocesados, ricos en azúcares y harinas refinadas, puede conducir a problemas de salud física y mental, incluida la adicción. Del mismo modo, el consumo excesivo de cafeína y alcohol puede afectar negativamente al bienestar mental, provocando síntomas de ansiedad, problemas para dormir y otros efectos adversos.

Fundamentados en lo anterior, es la razón por la cual en este capítulo abordaremos la importancia de la nutrición para el cuerpo y la mente. Habiendo hecho esta presentación, queremos aclarar que no somos profesionales de la nutrición, solo estamos informando sobre lo que a nosotros nos ha funcionado e investigaciones realizadas por nuestra cuenta. Por lo tanto siempre vamos a recomendar que para la creación de una rutina alimenticia, se consulte con un profesional especialista en la materia.

Alimenta tu cuerpo de manera balanceada

Elvis Presley, el Rey del Rock and Roll, era conocido por su carisma, su voz inigualable y su estilo único que cautivó a millones de fanáticos en todo el mundo. Sin embargo, detrás de la imagen de estrella de rock, se escondía una batalla personal contra los excesos que, finalmente, terminaron por cobrar un alto precio.

Los hábitos alimenticios de Elvis eran verdaderamente asombrosos. Comenzaba su día con una indulgencia extrema: medio litro de helado y galletas de chocolate. El desayuno típico de Elvis incluía huevos, tocino, hot cakes y salchichas, una combinación que habría hecho temblar el estómago de cualquier persona común. Pero para él, esto era solo el comienzo.

A lo largo del día, continuaba alimentando su voraz apetito. Para el almuerzo, disfrutaba de sándwiches repletos de crema de maní, mermelada, plátano y tocino. Y cuando llegaba la cena, no se conformaba con algo ligero; en su lugar, devoraba hamburguesas con queso y tocino, acompañadas de albóndigas envueltas en carne de cerdo como tentempié.

Los excesos de Elvis no se limitaban solamente a los alimentos sólidos. También era conocido por su consumo excesivo de alcohol y drogas, utilizando estos como estimulantes para mantenerse activo debido a las largas jornadas y la falta de sueño. Su médico, en un intento por mantenerlo funcionando, le recetaba una gran cantidad de medicamentos, incluyendo sedantes, analgésicos, antidepresivos y anfetaminas.

A medida que los años pasaban, el cuerpo del cantante no pudo soportar más esta carga. Llegó a pesar 159 kilos, lo que afectaba gravemente su desempeño en los conciertos, donde se veía obligado a permanecer sentado debido a su deteriorada condición física. Su estilo de vida sedentario y sus hábitos alimenticios poco saludables habían pasado factura.

Finalmente, el 16 de agosto de 1977, a la edad de 42 años, Elvis Presley falleció en su residencia de Graceland, en Memphis, Tennessee. La causa oficial de su muerte fue un paro cardíaco, pero los médicos atribuyeron este desenlace a la combinación de sus excesos alimenticios, el abuso de medicamentos y su estilo de vida poco saludable.

La trágica caída de Elvis Presley sirve como un recordatorio de la importancia de mantener un equilibrio en nuestros hábitos de vida. Sus logros y su legado musical permanecen, pero su historia también nos advierte sobre los peligros de sucumbir a los excesos y la falta de cuidado personal. Aunque brilló como una estrella, sus malos hábitos alimenticios y de vida terminaron por apagar su luz demasiado pronto.

La importancia de una alimentación equilibrada

Saber cómo los alimentos que consumes puede influir en tu bienestar psicológico, mejorando tu estado de ánimo, reduciendo el estrés y fortaleciendo tus capacidades cognitivas, es esencial para mantener una mente sana y emocionalmente estable.

Una buena alimentación nos proporciona los nutrientes necesarios para que nuestro cerebro y sistema nervioso funcionen correctamente. Por ejemplo, los ácidos grasos omega-3, presentes en pescados como el salmón o en nueces, son esenciales para mantener un equilibrio emocional y prevenir trastornos como la depresión y la ansiedad.

Es importante evitar el consumo de alimentos ultraprocesados y ricos en azúcares y grasas saturadas, ya que estos pueden afectar negativamente nuestro estado de ánimo y provocar cambios bruscos en nuestros niveles de energía.

Estudios han demostrado una fuerte relación entre la alimentación y trastornos mentales como la depresión o el TDAH. Una dieta equilibrada, rica en frutas, verduras y alimentos integrales, puede ser de gran ayuda en el tratamiento de estos trastornos.

Nuestro cerebro y nuestro intestino están estrechamente conectados, por lo que cuidar de nuestra microbiota intestinal es fundamental para nuestra salud mental. Consumir alimentos ricos en fibra, probióticos y prebióticos favorece el equilibrio de nuestra flora intestinal, lo que puede tener un impacto positivo en nuestro bienestar emocional.

La alimentación desempeña un rol fundamental en la salud mental. Una dieta balanceada nos provee de los nutrientes necesarios para el correcto funcionamiento de nuestro cuerpo, incluyendo el cerebro y el sistema nervioso.

Los alimentos que ingerimos influyen directamente en nuestra función cerebral. Nutrientes como los ácidos grasos omega-3, las vitaminas del complejo B, el magnesio y el zinc contribuyen al óptimo funcionamiento del cerebro y están asociados con la regulación del estado de ánimo, así como con la prevención de padecimientos mentales como la depresión y la ansiedad.

Una alimentación equilibrada y variada ayuda a mantener un adecuado equilibrio químico y hormonal en el cerebro. Por el contrario, una mala alimentación basada en alimentos procesados, altos en azúcares y grasas saturadas, llega a tener efectos negativos en la salud mental.

Es importante mencionar que existen relaciones recíprocas entre la alimentación y la salud mental. Por un lado, el estado emocional puede influir en nuestros hábitos alimenticios, llevándonos a comer en exceso o a mantener una dieta poco saludable como respuesta a la ansiedad, el estrés o la tristeza. Por otro lado, una mala alimentación puede afectar nuestro estado de ánimo, aumentando la irritabilidad, la fatiga y disminuyendo nuestra capacidad de concentración y rendimiento cognitivo.

La forma en que la alimentación afecta tu salud física, mental y emocional es relevante para entender cómo puedes transformar tu bienestar personal. Físicamente, una dieta adecuada te proporciona los nutrientes necesarios para que tu cuerpo funcione de manera óptima, fortaleciendo tu sistema inmunológico, previniendo enfermedades y ayudándote a mantener un peso saludable.

Emocionalmente, tus hábitos alimentarios tienen un impacto en tu estado de ánimo y bienestar emocional. Algunos alimentos, como aquellos que son ricos en triptófano (que es un precursor de la serotonina, un neurotransmisor relacionado con la regulación del estado de ánimo), pueden favorecer la producción de hormonas que te hacen sentir bien, como la serotonina y la dopamina. Una alimentación saludable te brinda energía y vitalidad, lo cual contribuye a una mayor satisfacción y equilibrio emocional.

Es esencial recordar que no hay una "dieta perfecta" que funcione para todos, ya que cada persona tiene necesidades y preferencias distintas. Sin embargo, se recomienda seguir una alimentación equilibrada y variada que incluya frutas, verduras, proteínas magras, grasas saludables, granos enteros y limite la ingesta de alimentos procesados, azúcares y grasas saturadas.

La moderación es clave, es necesario comer de todo en cantidades adecuadas para mantener un estado de ánimo estable y prevenir problemas de salud como la obesidad. Los expertos recomiendan hacer entre 4 y 6 comidas pequeñas al día en lugar de pocas comidas grandes. Esto ayuda a mantener estable tu nivel de azúcar en sangre y evita la sensación de hambre extrema que puede afectar tu ánimo y concentración.

De igual forma es esencial mantenerse hidratado para que tu cerebro funcione correctamente. Beber agua y otras bebidas saludables como té o jugos naturales contribuyen a tu salud mental.

Es vital consumir suficientes vitaminas y minerales importantes como las del complejo B, vitamina C, magnesio y zinc, que son fundamentales para el cerebro y la regulación emocional.

Una dieta equilibrada te proporciona los nutrientes necesarios para mantenerte feliz, concentrado y con una buena salud mental. Además, es importante complementar una buena alimentación con otras prácticas para cuidar tu salud emocional, como realizar ejercicio de forma regular y manejar adecuadamente el estrés.

Cómo incorporar el ejercicio en tu vida diaria

El ejercicio físico llega a reducir el estrés y la ansiedad al liberar tensiones y mejorar la circulación sanguínea, lo que a su vez ayuda a relajar el cuerpo y la mente. Esto viene a tener un efecto positivo en el estado de ánimo y en la capacidad para afrontar con más claridad los problemas diarios.

La práctica regular de ejercicio llega a mejorar la confianza en uno mismo, ya que al alcanzar metas físicas y ver mejoras en el estado físico, se puede sentir una sensación de logro y superación personal. Esto puede llevar a una mayor sensación de bienestar y satisfacción con uno mismo.

Además, el ejercicio físico puede contribuir a mejorar la calidad del sueño al regular los ciclos circadianos y promover un descanso más profundo y reparador. Un sueño de calidad es esencial para mantener un equilibrio emocional y una buena salud mental.

En definitiva, el ejercicio físico no solo beneficia al cuerpo, sino que también tiene un impacto positivo en la mente y en el bienestar emocional. Por ello, es importante incluir la actividad física en la rutina diaria para mantener una salud integral y mejorar la calidad de vida en general.

Por tanto, no hace falta ser un atleta de élite para disfrutar de los beneficios del ejercicio físico. Basta con dedicar un tiempo cada día a realizar alguna actividad física que te guste y que te haga sentir bien. Ya sea salir a caminar, correr, nadar, hacer yoga o cualquier otra actividad que te resulte placentera, lo importante es mantener el cuerpo en movimiento y disfrutar de sus beneficios para la salud mental y emocional.

La relación entre hacer ejercicio y la salud mental es muy importante. Se ha demostrado que hacer ejercicio regularmente puede tener un impacto positivo en nuestra salud mental de diferentes maneras.

Los beneficios de hacer ejercicio para la salud mental son varios. Por ejemplo, el ejercicio puede ayudar a reducir el estrés y la ansiedad. Cuando haces ejercicio, liberas sustancias químicas en el cerebro llamadas endorfinas, las cuales actúan como analgésicos naturales y mejoran nuestro estado de ánimo. Esto puede ayudar a disminuir los niveles de estrés y ansiedad que podamos sentir.

Hacer ejercicio también puede mejorar nuestra forma de responder al estrés. El ejercicio físico libera cortisol, conocido como la "hormona del estrés". Si bien a veces se piensa que el cortisol es malo para nuestro cuerpo (lo es si tenemos niveles altos de cortisol de forma constante), el ejercicio regular ayuda a que nuestro cuerpo responda de manera más eficiente al cortisol. Esto significa que cuando se libera cortisol en otros momentos del día, los efectos negativos en nuestro cuerpo serán menores, ya que nuestro cuerpo estará mejor preparado para manejar el cortisol gracias al ejercicio.

Además, hacer ejercicio puede mejorar nuestro estado de ánimo. La actividad física regular está relacionada con una mayor producción de serotonina, que es un neurotransmisor importante para regular nuestro estado de ánimo. Esto puede ayudar a aliviar los síntomas de la depresión y mejorar nuestro bienestar emocional.

La actividad física también ayuda a liberar sustancias químicas como la serotonina, la dopamina y la norepinefrina, las cuales tienen un papel clave en regular nuestro estado de ánimo. Hacer ejercicio regularmente puede aumentar la concentración de estas sustancias químicas en nuestro cerebro, lo que nos ayuda a mantener un estado de ánimo más positivo y estable.

Por otra parte, hacer ejercicio llega a aumentar nuestra autoestima. Cuando vemos mejoras en nuestra forma física y en nuestra salud, tendemos a sentirnos más seguros de nosotros mismos y a tener una mejor imagen de nosotros mismos.

Otro beneficio importante es que mejora la calidad de nuestro sueño. Hacer ejercicio regularmente puede ayudar a regular nuestro ciclo de sueño, lo que resulta en un sueño de mejor calidad. Un buen descanso está relacionado con una mejor salud mental.

El ejercicio puede mejorar tu capacidad para pensar y recordar. Cuando haces ejercicio, más sangre llega a tu cerebro, lo que te ayuda a pensar más claramente y a recordar mejor las cosas. Esto puede beneficiarte si estás pasando por situaciones como la depresión u otros estados de ánimo negativos.

Consejos para ejercitar tu cerebro

Los ejercicios para el cerebro son una manera efectiva de fortalecer tu mente y mejorar tu agilidad mental. Estos se basan en la neuroplasticidad, que es la capacidad que tiene tu cerebro para cambiar y adaptarse a nuevas situaciones. Al realizar tales acciones de forma regular, puedes fortalecer tu memoria, mejorar tu concentración y desarrollar habilidades cognitivas. El entrenamiento cognitivo es una técnica efectiva para estimular tu cerebro y promover tu salud mental en general. Estos ejercicios son beneficiosos para personas de todas las edades y pueden realizarse de diferentes formas, como jugando, resolviendo rompecabezas, leyendo, meditando o aprendiendo nuevos idiomas.

Es importante ejercitar tu mente para mantener su funcionamiento óptimo a lo largo de la vida. Conforme envejeces, es normal experimentar una disminución en tu memoria y concentración, pero el entrenamiento cerebral puede prevenir o retrasar esta pérdida cognitiva asociada al envejecimiento. Los ejercicios para el cerebro son herramientas efectivas para fortalecer tu mente y mantener su funcionamiento en buen estado. Estos ejercicios fomentan la formación de nuevas conexiones neuronales y pueden aumentar tu reserva cognitiva, lo que te ayudará a compensar los cambios relacionados con la edad en tu cerebro.

Además de mantener la función cerebral, el entrenamiento cognitivo tiene muchos otros beneficios. Mejora tus habilidades cognitivas, como la resolución de problemas, la atención y el procesamiento de la información. Al ejercitar tu mente, desarrollarás una mente más ágil y capaz de enfrentar desafíos.

Tu mente es como un músculo, si no la ejercitas y la mantienes activa, se debilitará con el tiempo. Por eso, es esencial realizar ejercicios mentales para mantener un cerebro sano y funcional.

Al ejercitar tu mente, puedes fortalecer las conexiones entre las células cerebrales y aumentar su capacidad de respuesta. Con esto, tu cerebro estará mejor preparado para adaptarse a los cambios asociados con la edad y mantener su funcionamiento óptimo por un periodo más prolongado. Además, los ejercicios mentales también pueden disminuir el riesgo de padecer enfermedades degenerativas del cerebro, como el Alzheimer.

Además de prevenir la pérdida de facultades cognitivas, ejercitar tu mente reporta múltiples ventajas para tu bienestar general. La práctica regular de ejercicios mentales te permite disfrutar de diversas mejoras:

- Al ejercitar tu mente de forma constante, lograrás mejorar tu memoria y la capacidad de retener información. También experimentarás un aumento en la concentración y la capacidad de atención, lo que te permitirá desempeñarte de manera más efectiva en tus tareas diarias.

- Asimismo, notarás mejoras en habilidades cognitivas como la lógica y la resolución de problemas. Estimularás tu cerebro y aumentarás tu agilidad mental, lo que te ayudará a enfrentar los desafíos diarios con mayor destreza.
- No solo los adultos mayores pueden beneficiarse del ejercicio cerebral, sino que personas de todas las edades pueden experimentar un impacto positivo. Mantener la mente activa y ejercitada es esencial para un óptimo funcionamiento cerebral a lo largo de la vida.

Cómo establecer una rutina de sueño saludable

Dormir es fundamental para tu salud y bienestar, pero a muchas personas les resulta difícil conciliar el sueño o permanecer dormidas durante la noche. La clave para hacer algo de manera consistente es desarrollar un hábito. Los hábitos, ya sean buenos o malos, son muy poderosos y se basan en una señal y una respuesta. Por ejemplo, si siempre comes palomitas de maíz en el cine, entrar a una sala de cine es una señal que te hace querer comer palomitas, sin importar si realmente tienes ganas o no.

Para cambiar hábitos antiguos, como tu rutina de sueño, se requiere un esfuerzo consciente. Afortunadamente, hay algunas técnicas simples y efectivas que pueden ayudarte a relajar la mente y el cuerpo para mejorar la calidad de tu sueño.

Técnicas de relajación para dormir mejor

El estrés, la ansiedad, el ruido, la luz y otros factores pueden interferir en tu ciclo natural de sueño y dificultar tu descanso. Las técnicas de relajación son métodos que te ayudan a reducir el estrés y la tensión, calmar el sistema nervioso y prepararte para dormir. Además, mejoran tu estado de ánimo, reducen la presión arterial y fortalecen tu sistema inmunológico.

Sigue estos consejos para establecer hábitos saludables.

- Elige una señal que te indique que es hora de comenzar tu rutina de dormir, como cepillarte los dientes. Mantenlo simple para facilitar su cumplimiento.
- Prepara todo lo necesario para la rutina de dormir, de esta manera evitarás obstáculos que puedan interrumpir tu rutina.
- Agrega un elemento físico a tu rutina, como por ejemplo buscar tu teléfono para realizar una meditación antes de acostarte. El movimiento facilita el desarrollo de hábitos.
- Incluye una señal visual o auditiva, como programar una alarma en tu celular para indicar el inicio de tu rutina de sueño.
- Ten paciencia al comenzar a mejorar tus hábitos de sueño y establecer una rutina saludable para dormir. El tiempo que lleve desarrollar un hábito puede variar de persona a persona y puede requerir esfuerzo. Recuerda que la constancia es clave para lograr cambios positivos en tu vida.

¿Por qué es importante establecer una rutina para dormir y convertirla en un hábito? El principal beneficio de esta práctica es que te permitirá descansar más y mejor. Desarrollar hábitos regulares para dormir, como acostarte a la misma hora todas las noches y realizar actividades relajantes antes de ir a la cama, puede ayudarte a eliminar problemas de sueño.

Además, tener una rutina para dormir y mantener horarios consistentes para acostarse y levantarse también aporta otros beneficios para tu salud. Esto puede reducir el riesgo de obesidad, hipertensión, hiperglucemia y enfermedades cardíacas.

¿Cómo puedes crear un ambiente que favorezca el sueño? Si deseas mejorar la calidad de tu descanso, es fundamental asegurarte de que tu dormitorio sea un lugar propicio para el sueño. Este espacio es tu refugio nocturno, donde tu cuerpo y mente se relajan y se recuperan.

Para lograr un entorno óptimo para el sueño, considera estos consejos:

- Apaga las luces: La luz puede interferir con tu capacidad para conciliar el sueño, ya que indica a tu cerebro que se mantenga alerta. Para favorecer la producción de melatonina, la hormona del sueño, es recomendable utilizar cortinas opacas, persianas o máscaras para dormir que bloqueen la luz externa. Evita también el uso de dispositivos electrónicos que emitan luz azul en el dormitorio, como teléfonos móviles, ordenadores o televisores.
- Reduce el ruido: Los sonidos pueden perturbar tu sueño y dificultar que te quedes dormido. Para crear un ambiente tranquilo y silencioso, considera el uso de tapones para los oídos, un ventilador, un generador de ruido blanco o música suave que te ayude a relajarte. Evita programas o sonidos estimulantes en el dormitorio, como las noticias, música estridente o videojuegos.
- Regula la temperatura: La temperatura ambiental influye en tu comodidad y en tu capacidad para conciliar el sueño. Se recomienda mantener una temperatura entre 15 y 19 grados centígrados para dormir. Utiliza ventiladores, aire acondicionado, calefactores, mantas o sábanas según tus preferencias. Evita prendas de vestir ajustadas o demasiado abrigadas que puedan generarte calor o dificultar la transpiración.
- Elige adecuadamente tu ropa de cama: Tu colchón, almohada, sábanas y edredón deben ser cómodos y adaptados a tu tipo de cuerpo y postura para dormir. También puedes utilizar aromaterapia, como aceites de lavanda o velas perfumadas, para crear un ambiente relajante en tu habitación.

Capítulo 7: Relaciones saludables y empatía

"La mayoría de las vidas de las personas están determinadas por sus opiniones, en vez de los hechos. Para que la vida de una persona cambie, primero necesitan cambiar sus opiniones... y luego considerar los hechos".

Robert T. Kiyosaki

En las páginas de su célebre obra "Cómo Ganar Amigos e Influir en las Personas", Dale Carnegie, el renombrado empresario y escritor estadounidense dedicado al estudio de las relaciones humanas y la comunicación efectiva, nos revela seis reglas fundamentales para causar una impresión positiva y cultivar relaciones gratificantes. Vamos a revisar estas como preámbulo a nuestro apartado sobre relaciones saludables.

La primera regla, según Carnegie, es el sincero interés por los demás. Este gesto no solo nos abre las puertas hacia la aceptación en cualquier entorno, sino que también puede fomentar la lealtad hacia nuestra empresa por parte de los clientes. El interés genuino, sostiene, es la base de las relaciones humanas, generando beneficios mutuos tanto para quien muestra atención como para quien la recibe. Como señaló el psiquiatra austriaco Alfred Adler, aquel que carece de interés por sus semejantes conduce a sufrimientos propios y a heridas en los demás, siendo el origen de muchos fracasos.

La segunda regla nos invita a sonreír. Carnegie nos enseña que una sonrisa sincera es una poderosa herramienta para causar una primera impresión positiva. Más allá de las circunstancias externas, nuestra felicidad y desdicha están moldeadas por nuestros pensamientos. Como apuntó el médico estadounidense William James, la acción y el sentimiento están intrínsecamente vinculados, permitiéndonos influir en nuestro estado emocional a través de nuestras acciones.

La tercera regla nos recuerda el valor intrínseco del nombre propio para cada individuo. Carnegie destaca que el nombre es el sonido más dulce y relevante en cualquier idioma, otorgando a cada persona una sensación de singularidad y pertenencia.

La cuarta regla nos insta a convertirnos en buenos oyentes. Reconocer el interés predominante que cada individuo tiene en sí mismo nos permite cultivar relaciones más auténticas y satisfactorias. Según Carnegie, prestar atención exclusiva a la persona que habla es el secreto de una conversación exitosa.

La quinta regla nos anima a hablar sobre lo que interesa a los demás. Carnegie nos revela que el verdadero camino hacia el corazón de otra persona es a través de sus intereses más preciados.

Por último, la sexta regla nos insta a hacer que los demás se sientan importantes. Reconocer y elogiar sinceramente a quienes nos rodean no solo es una muestra de bondad, sino también una estrategia para generar simpatía y gratitud.

Las enseñanzas de Dale Carnegie sobre cómo ganar amigos e influir en las personas son fundamentales para crear relaciones interpersonales saludables y fomentar la empatía. Al cultivar un genuino interés por los demás, sonreír, recordar y utilizar sus nombres, escuchar activamente, hablar sobre lo que les interesa y hacer que se sientan importantes, podemos establecer conexiones más profundas y significativas con quienes nos rodean. Estas habilidades no solo fortalecen nuestros vínculos personales y profesionales, sino que también promueven un ambiente de comprensión mutua y apoyo emocional.

Habiendo visto los puntos de vista del Sr. Carnegie, ahora quiero decirte que para complementar dicha información, en este apartado, evaluaremos dos áreas fundamentales para el crecimiento personal y la salud emocional: la evaluación de relaciones tóxicas y el desarrollo de habilidades de comunicación. Aprender a reconocer los signos de relaciones nocivas, como la manipulación o el abuso emocional, es esencial para establecer límites saludables y proteger tu bienestar. También descubrirás cómo mejorar tus habilidades de comunicación, practicando la escucha activa y expresando tus sentimientos de manera clara y respetuosa.

Identificando relaciones tóxicas

Las relaciones sanas y positivas traen bienestar, alegría y felicidad total. Sin embargo, en cualquier tipo de relación pueden surgir dificultades y expectativas no cumplidas. Por lo tanto, es importante no catalogar automáticamente un conflicto como algo negativo en sí mismo.

Una relación tóxica se caracteriza por la falta de armonía y puede ser destructiva, donde una o ambas partes causan daño físico, emocional o psicológico. Algunas señales que indican que una relación es tóxica incluyen no poder ser uno mismo, recibir amenazas, ser manipulado y sentirse obligado a renunciar a las cosas que disfrutas.

Estas interacciones crean patrones repetitivos que generan desgaste, tristeza y desilusión. En fin, causan más sufrimiento innecesario que momentos de paz y serenidad. Las relaciones de este tipo se distinguen por la presencia de manipulación, control y abuso emocional, físico o psicológico. Algunas señales de alarma incluyen la falta de respeto constante, una comunicación negativa y destructiva, la dependencia emocional, las críticas constantes y el control sobre las decisiones y la libertad personal.

Existen distintos tipos de relaciones tóxicas, como las amorosas en las que el amor se condiciona o manipula, las amistades tóxicas marcadas por la envidia y la competencia desleal, las relaciones familiares en las que prevalecen los patrones de abuso o negligencia emocional, y las relaciones laborales que crean un ambiente hostil que impacta la autoestima y el rendimiento laboral.

Es fundamental reconocer estos patrones en nuestras relaciones para poder establecer límites saludables y proteger nuestra salud emocional y bienestar personal. Trabajar en nuestro crecimiento personal y fomentar relaciones positivas y respetuosas es esencial para nuestro desarrollo y felicidad.

Algunas de las conductas tóxicas más comunes son:

- Manipulación emocional: Cuando una persona busca influir en el comportamiento o emociones de otra para obtener ventajas o control.
- Chantaje emocional: Utilizar emociones como la culpa, el miedo o la obligación para influenciar el comportamiento de alguien.
- Agresiones verbales o físicas: Comportamientos abusivos que pueden ocurrir en diversas relaciones y contextos.
- Aislamiento de amigos y familiares: Limitar y controlar las interacciones y relaciones sociales de alguien en una relación abusiva o tóxica.
- Invasión de la privacidad: Violación del espacio personal, la libertad y la confidencialidad de un individuo.

El impacto de una relación tóxica es significativo

La infelicidad en la relación afecta negativamente a otros aspectos de la vida de una persona. A veces, la persona se distancia de amigos y familiares que consideran que la relación no es positiva, aunque el distanciamiento puede deberse a otros motivos. El esfuerzo requerido para mantener la relación puede impedir dedicar tiempo a otras relaciones afectivas. Esto provoca cambios en el estado de ánimo y puede interferir en la vida profesional.

Las relaciones tóxicas pueden surgir debido a diversos factores que impactan tanto a las personas que las padecen como a quienes las ejercen. Entre las causas más comunes se incluyen la baja autoestima y el miedo a la soledad por parte de las víctimas, así como la necesidad de control y poder por parte de los agresores. Además, la falta de habilidades de comunicación efectiva y los antecedentes de relaciones familiares disfuncionales también pueden contribuir a que una relación se vuelva tóxica.

¿Cómo pueden las personas liberarse de relaciones que dañan su salud mental y emocional? Es fundamental identificar el problema y reconocer que se encuentra en una relación tóxica. Aunque no siempre resulta sencillo aceptar esta realidad, es importante entender que uno no es responsable de la actitud del otro. Establecer límites claros y cortar la comunicación con la persona tóxica es esencial. Esto implica eliminar todas las formas de contacto, incluyendo redes sociales, mensajes de texto y llamadas telefónicas.

Buscar ayuda de amigos de confianza y familiares puede ser de gran apoyo, ya que ofrecen un apoyo emocional necesario y una perspectiva externa. Asimismo, recurrir a la ayuda profesional, como el asesoramiento psicológico, puede ser beneficioso para procesar y sanar de manera adecuada. Aprender a decir no de manera firme y sin disculpas es relevante para establecer límites y no permitir que la persona tóxica retome el control.

Trabajar en la autoestima es un paso fundamental en el proceso de liberarse de una relación tóxica. Es importante reconocer que cada persona merece una relación saludable y respetuosa, y fortalecer esa convicción en uno mismo es clave para avanzar. Además, tomar el control de la propia vida nuevamente es esencial. Esto podría implicar realizar cambios significativos, como buscar un nuevo empleo o cambiarse de residencia, con el objetivo de recuperar el poder de decisión y la autonomía que pueden haber sido afectados por la relación tóxica.

Domina la comunicación efectiva como clave para tu crecimiento personal

La asertividad es un estilo de comunicación que se destaca por expresar tus ideas, opiniones y necesidades de manera clara, directa y respetuosa, teniendo en cuenta tanto tus derechos como los de los demás. Ser asertivo implica ser capaz de comunicarte de forma efectiva sin caer en la agresividad o en la pasividad.

Esta forma de comunicación se basa en el respeto propio y ajeno, lo que te permite establecer límites adecuados, expresar tus emociones de manera saludable y tomar decisiones que estén en línea con tus necesidades y valores.

Es importante desarrollar habilidades de este tipo para lograr una comunicación efectiva y satisfactoria en tus relaciones personales, laborales y sociales. Algunos de los beneficios de ser asertivo son:

- Mejora en la comunicación interpersonal: La asertividad te permite expresar tus ideas y sentimientos de forma clara, evitando confusiones y conflictos.
- Fortalecimiento de las relaciones: Al comunicarte de esta forma, estableces relaciones más sanas basadas en el respeto y la confianza mutua.
- Autoestima y confianza: La asertividad te ayuda a fortalecer tu autoestima y confianza al permitirte expresar tus necesidades y defender tus derechos.
- Resolución de conflictos: Ser asertivo te proporciona las herramientas necesarias para abordar los conflictos de manera constructiva, evitando tensiones y buscando soluciones beneficiosas para ambas partes.

- Mejor toma de decisiones: La comunicación asertiva te permite tomar decisiones basadas en tus necesidades y valores, sin verse influenciado por las opiniones o expectativas de otros.

El primer aspecto fundamental para desarrollar habilidades de este tipo es tener un entendimiento claro y la capacidad de expresar tus propias necesidades. Para ser asertivo, es fundamental tener claridad sobre lo que necesitas y deseas en diversas situaciones.

Para lograr esto, es esencial:

- **Autoconocimiento:** Tómate un tiempo para reflexionar sobre tus propias necesidades, valores e intereses. Conócete a ti mismo e identifica qué es lo más importante para ti.
- **Expresión clara:** Una vez que tengas claridad sobre tus necesidades, expresa tus pensamientos de forma clara y directa. Utiliza un lenguaje asertivo, evitando ser agresivo o pasivo en tu comunicación.
- **Defensa de tus derechos:** No temas defender tus derechos y establecer límites apropiados. Recuerda que mereces respeto y que tus necesidades también son importantes.
- **Aprender a decir "no":** No te sientas obligado a estar de acuerdo con todo. Aprende a expresar un "no" de manera respetuosa cuando algo no se ajuste a tus necesidades o valores.

Otro aspecto clave en este sentido es practicar la escucha activa y demostrar empatía hacia los demás. Escuchar atentamente y comprender a los demás, nos permite establecer una comunicación más efectiva y fortalecer nuestras relaciones interpersonales.

Algunas formas de mejorar nuestra escucha activa y empatía son:

- **Prestar atención:** Dedica tiempo y muestra interés en la persona que está hablando. Evita distracciones y demuestra un genuino interés en lo que están compartiendo contigo.
- **Validar sus sentimientos:** Reconoce y valida los sentimientos de la otra persona, incluso si no estás de acuerdo con su punto de vista. Muestra empatía y comprensión hacia su experiencia.
- **Evitar interrumpir:** Permite que la otra persona termine de hablar antes de responder. Evita interrumpir o imponer tu opinión sin haber escuchado completamente su perspectiva.
- **Hacer preguntas claras:** Si surgen dudas o necesitas más información, haz preguntas de manera respetuosa y clara. Esto demuestra interés y te ayuda a comprender mejor la perspectiva del otro.

Un tercer aspecto crucial para desarrollar habilidades de comunicación asertiva es saber manejar de forma adecuada los conflictos y críticas. En cualquier relación, es normal que surjan desacuerdos y críticas, pero la forma en que los afrontamos puede marcar la diferencia entre una comunicación efectiva y una destructiva.

Algunas estrategias para manejar conflictos y críticas de manera asertiva son:

- **Escucha activa:** Escucha con atención las preocupaciones y críticas de la otra persona. Valida sus sentimientos y muestra empatía hacia su punto de vista.
- **Evitar la agresividad:** Procura no responder de manera agresiva o defensiva. Mantén la calma y utiliza un tono de voz tranquilo y respetuoso.
- **Buscar soluciones:** En lugar de centrarte en quién tiene la razón, enfócate en encontrar soluciones que beneficien a ambas partes. Busca compromisos y alternativas que satisfagan las necesidades de ambas partes.

- **Aprender de las críticas:** En lugar de tomar las críticas como ataques personales, utiliza la retroalimentación constructiva para aprender y crecer. Reconoce tus errores y busca maneras de mejorar.

Debes tener muy claro que, desarrollar este tipo de habilidades requerirá práctica y paciencia. Con dedicación y esfuerzo, podrás mejorar tu capacidad de comunicarte de manera efectiva, fortalecer tus relaciones interpersonales y lograr tus metas con mayor facilidad. Recuerda que la asertividad es una herramienta poderosa que te permitirá expresarte con claridad, respeto y confianza.

La habilidad de empatizar

Esta práctica se define por la capacidad de comprender y sentir las emociones de los demás, lo cual conduce a una mayor conexión interpersonal y relaciones saludables. Cuando nos ponemos en el lugar de otro, podemos actuar con compasión y buscar formas de mejorar su bienestar, lo que a su vez puede aliviar su angustia y la nuestra.

La empatía no se limita solo a situaciones difíciles, por ejemplo, cuando tu hijo está emocionado por algo, compartes su alegría, y cuando un amigo se divierte con un chiste, tú también te contagias de su risa. Este intercambio emocional fortalece los lazos afectivos y te permite conectar más profundamente con tus seres queridos.

Además, esta puede extenderse más allá de tu círculo íntimo. Si ves a alguien solo en una fiesta, podrías acercarte y entablar una conversación para hacerle compañía, demostrando así empatía hacia su soledad. Del mismo modo, al presenciar el sufrimiento de personas desconocidas en el otro lado del mundo, es posible que sientas la necesidad de contribuir de alguna manera para aliviar su situación.

Esta cualidad desempeña un papel fundamental en la construcción de relaciones sólidas y satisfactorias. Al esforzarte por entender a los demás, les haces sentir valorados y comprendidos, lo que fortalece el vínculo entre ustedes. Esta reciprocidad emocional fomenta un sentido de conexión y pertenencia, lo que contribuye a tu bienestar emocional.

Investigaciones han demostrado que contar con una red de apoyo social sólida está asociado con niveles más altos de felicidad. Dado que la empatía promueve relaciones más sólidas, puede considerarse como un elemento clave para construir una vida plena y satisfactoria.

Además, la misma puede llegar a inspirarte a tomar medidas para mejorar la vida de los demás. Estas acciones pueden variar desde donar a organizaciones benéficas hasta alentar a un amigo a buscar ayuda profesional para superar una adicción. Incluso un simple gesto de consuelo, como un abrazo, puede marcar la diferencia en la vida de alguien que está pasando por un momento difícil.

Construyendo amistades de manera efectiva

La tarea de establecer conexiones puede resultar muy exigente para muchas personas, sobre todo en sus ámbitos laborales. A menudo, los consejos se centran exclusivamente en los aspectos tácticos, sobre como presentarse o como hacer seguimiento, sin abordar la mentalidad necesaria para ser un auténtico conector. Si bien estos consejos son importantes, son solo una parte de la ecuación. Para tener éxito en la construcción de relaciones, es esencial adoptar cualidades que fomenten conexiones genuinas y duraderas.

La autenticidad y la transparencia son fundamentales en estas interacciones. Ser auténtico implica ser fiel a uno mismo y no pretender ser algo que no se es. Esto establece una base de confianza sobre la cual se pueden construir relaciones sólidas. La transparencia, por otro lado, implica ser honesto sobre las fortalezas y debilidades, sin intentar ocultar imperfecciones. Al compartir abiertamente nuestras limitaciones, fomentamos un ambiente de sinceridad y vulnerabilidad que fortalece las conexiones.

Crear un espacio donde pueda florecer la confianza y la autenticidad es fundamental para el desarrollo de relaciones genuinas. Mostrar un interés real en los demás es esencial para esto. Significa apartar el foco de uno mismo y centrarse en comprender a las personas con las que nos relacionamos. Esto implica escuchar activamente, hacer preguntas y buscar comprender las perspectivas de los demás.

En lugar de enfocarse únicamente en tus propios objetivos, adopta una mentalidad curiosa y abierta al interactuar con otros profesionales. Esto puede llevar a descubrir intereses o experiencias compartidas que puedan generar colaboraciones fructíferas en el futuro. Asistir a eventos de networking con la intención de aprender de los demás y buscar oportunidades para establecer conexiones significativas es una forma práctica de cultivar estas relaciones.

Además, es importante seguir con las personas después de los eventos para continuar las conversaciones y explorar posibles colaboraciones. Esto demuestra un compromiso verdadero con la relación y fortalece los lazos profesionales.

Cultivar relaciones auténticas y significativas es esencial en la construcción de amistades duraderas. Para lograrlo, es relevante mostrar un interés genuino en los demás, ser comprensivo y solidario, y mostrarse tal como uno es para atraer a personas con las que se puedan establecer conexiones duraderas.

Mostrar un interés genuino en las personas es la base de cualquier relación sólida, grábate esto. Para cultivar esta mentalidad, es esencial apartar el foco de uno mismo y dirigirlo hacia las personas con las que se interactúa. Esto implica escuchar de manera activa y atenta, formular preguntas para comprender mejor sus perspectivas y estar abierto a aprender de ellos.

Cuando nos acercamos a la construcción de amistades con una actitud de curiosidad y apertura, nos damos la oportunidad de descubrir puntos en común que pueden ser la base de una conexión más profunda. Esto podría implicar descubrir intereses compartidos, pasiones similares o experiencias de vida que nos unen. Al mostrar un auténtico interés en los demás, les demostramos que valoramos su individualidad y sus contribuciones, lo que puede generar confianza y empatía a lo largo del tiempo.

En la práctica, esto puede significar participar en eventos sociales con la intención de conocer nuevas personas y establecer conexiones significativas. Además, es importante seguir manteniendo el contacto después del evento, demostrando un interés continuo en la relación y buscando oportunidades para profundizar en la conexión.

La reciprocidad es fundamental en la construcción de relaciones sólidas y duraderas. Al ofrecer nuestro tiempo, recursos y apoyo a los demás, creamos un sentido de comunidad y colaboración que beneficia a ambas partes. Es esencial adoptar un enfoque desinteresado y generoso en nuestras interacciones, centrándonos en lo que podemos aportar a la relación en lugar de lo que podemos obtener.

Una forma de practicar la reciprocidad es ofrecer nuestra ayuda a los demás sin esperar nada a cambio. Esto podría implicar ofrecer nuestra experiencia en un área específica, brindar apoyo emocional o simplemente estar ahí para escuchar a alguien que lo necesite. Al ser solidarios y compasivos, demostramos nuestro compromiso con la relación y construimos confianza y conexión con aquellos en nuestra red de amistades.

Construir relaciones significativas lleva tiempo y esfuerzo, y es importante tener en cuenta que no se desarrollarán de la noche a la mañana. Requiere perseverancia y dedicación para construir y mantener conexiones sólidas a lo largo del tiempo. Esto implica estar dispuestos a invertir tiempo y energía en la relación, incluso cuando no haya beneficios tangibles inmediatos.

La persistencia es clave en la construcción de amistades duraderas. Significa estar dispuestos a hacer un seguimiento de las personas con las que nos relacionamos, incluso si no recibimos una respuesta inmediata. También implica continuar buscando nuevas conexiones y fortaleciendo las relaciones existentes, incluso cuando no tengamos una necesidad específica en mente. Al ser persistentes en nuestros esfuerzos por construir y mantener relaciones significativas, estamos sentando las bases para amistades que perdurarán en el tiempo.

Técnicas de persuasión empática

En el acelerado ritmo de vida actual, la capacidad de persuadir se ha vuelto indispensable en diversos ámbitos de nuestra existencia. Ya sea en el empresarial para cerrar acuerdos, en la esfera intelectual para ganar adeptos a nuestras ideas, o en el plano personal para forjar relaciones sólidas, el arte de la persuasión desempeña un papel fundamental. Sin embargo, lo que diferencia a un persuasor excepcional de uno mediocre es la habilidad para practicar la del tipo empática. Esta modalidad de persuasión trasciende la mera exposición de hechos y argumentos; se focaliza en establecer una conexión emocional con la persona que se intenta convencer.

La persuasión empática tiene sus cimientos en el concepto de comprender y compartir los sentimientos de los demás. Al abordar dicha acción desde esta perspectiva, nos situamos en el lugar de nuestra audiencia, procurando entender sus necesidades, deseos y preocupaciones. Esta aproximación genera confianza y simpatía, permitiéndonos influir en sus pensamientos y decisiones de manera más efectiva.

En contraposición a la mera exposición de datos y argumentos lógicos, esta práctica reconoce la relevancia de las emociones en el proceso de toma de decisiones, y busca abordar dichas emociones de forma compasiva y comprensiva. Al reconocer y validar las emociones de nuestros interlocutores, establecemos un vínculo que va más allá de lo superficial.

Un elemento muy relevante de la persuasión empática es la práctica de la escucha activa. Esto implica prestar una atención genuina a lo que la otra persona está expresando, sin interrumpir ni formular respuestas mentales de manera precipitada. Al dedicar toda nuestra atención a la persona, le demostramos que sus pensamientos y sentimientos son valorados por nosotros.

Para ilustrar este concepto, consideremos un ejemplo en el ámbito de las ventas. Supongamos que estamos intentando persuadir a un cliente potencial para que adquiera nuestro producto. En lugar de simplemente resaltar las características y beneficios del mismo, podríamos emplear la persuasión empática al indagar sobre las necesidades específicas del cliente y cómo nuestro producto puede satisfacerlas. Podríamos mostrar interés genuino al reconocer las preocupaciones que pueda tener el cliente en cuanto a la inversión económica o la utilidad del producto, y ofrecer soluciones personalizadas que aborden esas inquietudes.

En el contexto académico, la persuasión empática también puede ser aplicada para ganar adhesión a nuestras ideas. En lugar de imponer nuestro punto de vista de manera dogmática, podríamos demostrar empatía al comprender las perspectivas y preocupaciones de nuestros interlocutores. Podríamos buscar puntos en común y utilizar un lenguaje que resuene con sus valores y experiencias, facilitando así un diálogo constructivo y una mayor receptividad a nuestras ideas.

En las relaciones personales, la persuasión empática puede fortalecer los vínculos afectivos al mostrar un real interés por las necesidades y sentimientos del otro. En lugar de imponer nuestras propias agendas o expectativas, podríamos practicar la empatía al escuchar activamente y validar las emociones de nuestra pareja, amigo o familiar. Esto crea un ambiente de confianza y comprensión mutua, favoreciendo una comunicación más fluida y una resolución constructiva de conflictos.

¿Cómo utilizar la empatía como herramienta de persuasión?

El proceso inicial para emplear la empatía como herramienta persuasiva radica en identificar las necesidades y metas de los demás. ¿Cuáles son sus objetivos? ¿Qué obstáculos enfrentan o qué les frustra? ¿Cuáles son sus valores, convicciones o impulsos? Al formular preguntas abiertas, mantener una escucha activa y observar sus comportamientos, es posible descubrir sus necesidades y metas, evidenciando así un genuino interés por su bienestar. Este enfoque sienta las bases para establecer relaciones sólidas y fomentar la confianza, aspectos cruciales en el proceso persuasivo.

El siguiente paso consiste en alinear nuestro mensaje con los intereses del interlocutor. ¿Cómo se benefician con nuestra propuesta, solución o solicitud? ¿Cómo aborda sus necesidades y aspiraciones? ¿Cómo se vincula con sus valores, convicciones o impulsos? Al presentar nuestro mensaje en términos que resuenen con sus intereses, podemos apelar tanto a sus emociones como a su lógica y credibilidad. Esto nos permite crear un mensaje cautivador y relevante que capte su atención y despierte su interés.

El tercer paso implica emplear un lenguaje positivo e inclusivo. ¿Cómo podemos expresarnos de manera respetuosa, solidaria y colaborativa? ¿Cómo evitar el uso de un lenguaje negativo, agresivo o manipulador que pueda generar resistencia o estado de alerta? Al optar por un lenguaje positivo e inclusivo, transmitimos nuestro mensaje de forma segura, amigable y cooperativa. Esto contribuye a crear un ambiente propicio para la aceptación y la colaboración.

En cuanto al cuarto paso para emplear la empatía como estrategia persuasiva, es fundamental reconocer las preocupaciones y objeciones del interlocutor. ¿Cuáles podrían ser las barreras, riesgos o inconvenientes que perciben en nuestro mensaje? ¿Cómo podemos abordar estas preocupaciones de manera honesta, empática y orientada a la solución? ¿Cómo demostrar que entendemos y respetamos su punto de vista, aunque no estemos completamente de acuerdo? Al reconocer y abordar sus preocupaciones y objeciones de manera empática, demostramos nuestra credibilidad y disposición a comprender su perspectiva. Esto nos ayuda a disipar sus dudas y temores, y a impulsarlos hacia la acción.

Para que tengamos una idea más amplia sobre este asunto, consideremos un escenario en el ámbito profesional. Imaginemos que estamos tratando de persuadir a un colega para que apoye un proyecto en el que estamos trabajando. En lugar de simplemente presentar nuestros argumentos desde nuestra propia perspectiva, podríamos utilizar la empatía para comprender las metas y preocupaciones de nuestro colega. Podríamos alinear nuestro mensaje con sus intereses, destacando cómo el proyecto puede contribuir al logro de sus objetivos profesionales o abordar sus preocupaciones específicas. Además, podríamos expresarnos de manera positiva y colaborativa, mostrando nuestro compromiso con el éxito del equipo y reconociendo cualquier objeción legítima que pueda surgir.

En un contexto más personal, como persuadir a un amigo para que participe en una actividad que nos interesa, podríamos aplicar los mismos principios. En lugar de insistir egoístamente en nuestros propios deseos, podríamos mostrar empatía al comprender los intereses y preocupaciones de nuestro compañero. Podríamos adaptar nuestro mensaje para resaltar cómo la actividad podría ser beneficiosa o relevante para él, y expresarnos de manera amigable y respetuosa, reconociendo cualquier reserva que pueda tener.

Capítulo 8: Desarrollando tu creatividad

"La palabra "No" solo significa que empiezas otra vez en un nivel superior".

Peter Diamandis

Hagamos a partir de ahora un poco de memoria, hay que saber que siempre Albert Einstein manifestó que la fuente de la creatividad no reside en la lógica o las matemáticas, sino en la intuición y la inspiración, al igual que para los artistas, funciona para todos los ámbitos de la vida. Él atribuyó su éxito más a la imaginación que al mero conocimiento absoluto, reconociendo que los grandes avances científicos parten del conocimiento intuitivo. Su célebre afirmación de que "la imaginación es más importante que el conocimiento" resume su perspectiva sobre el proceso creativo.

Einstein distinguía entre ciencia y arte no por el contenido de las ideas, sino por cómo se expresaban. Para él, la ciencia se comunica a través del lenguaje de la lógica, mientras que el arte se manifiesta en formas intuitivas e inaccesibles a la mente consciente.

En su proceso creativo, Einstein utilizaba imágenes mentales para resolver problemas antes de expresarlos en palabras. Sus notas autobiográficas reflejan la importancia de lo inconsciente en el pensamiento humano, afirmando que la mayoría de nuestros pensamientos no se articulan en símbolos conscientes.

La música desempeñaba un papel fundamental en la vida y el trabajo de Einstein, quien encontraba en ella una fuente constante de inspiración y claridad mental. Después de tocar el piano, a menudo experimentaba momentos de revelación, como si la música guiara sus pensamientos hacia nuevas direcciones creativas.

Este científico reconocía una conexión profunda entre la música y su ciencia, atribuyendo incluso el surgimiento de la teoría de la relatividad a su percepción musical. Para él, la música y la experiencia artística eran herramientas para comprender el espacio y el tiempo de manera intuitiva.

La lección fundamental del escrito anterior, es que la creatividad no se limita a la lógica o al conocimiento absoluto, sino que se nutre de la intuición, la inspiración y la exploración de nuevos horizontes. A través del ejemplo de Einstein, vemos que la imaginación surge de la conexión entre diferentes campos del pensamiento y la experiencia, como la música y la ciencia, pero se pueden interconectar otros.

La capacidad de desarrollar nuestra creatividad reside en cultivar nuestra intuición, abrirnos a nuevas perspectivas y confiar en nuestro proceso de pensamiento no lineal. Además, reconocemos que la expresión de la creatividad puede adoptar formas diversas, desde la resolución de problemas científicos hasta la interpretación artística, y que ambas pueden enriquecerse mutuamente. En fin, la lección es que todos tenemos el potencial de ser creativos, y que este potencial se fortalece cuando nos permitimos explorar y expresar libremente nuestras ideas y emociones.

Por otra parte podemos apreciar que la esencia de la creatividad radica en la capacidad de transformar ideas frescas y originales en realidades tangibles. Este fenómeno se distingue por la habilidad de percibir el mundo desde perspectivas inéditas, descubrir conexiones entre elementos aparentemente disímiles y generar respuestas innovadoras. Conlleva dos procesos fundamentales: el pensamiento creativo y la ejecución de las ideas. En otras palabras, la mera imaginación sin acción no alcanza la categoría de creatividad.

En el panorama actual, la creatividad adquiere una relevancia creciente, impulsada por la rapidez de los cambios y la necesidad imperiosa de soluciones novedosas ante problemáticas complejas. Es el motor que impulsa el progreso humano y sin ella, nos estancaríamos irremediablemente.

Nos brinda una ventaja distintiva en un mundo saturado de inteligencia artificial. Si bien esta tecnología es extraordinariamente potente, carece de la perspectiva humana, la intuición y la creatividad que emanan de la experiencia, el conocimiento y la empatía. Asimismo, carece de la capacidad para desarrollar las habilidades sociales cruciales en la creatividad y la innovación, tales como el pensamiento crítico, la resolución de problemas, la comunicación y la adaptabilidad.

Para ser realmente bueno en un área específica, se debe comprender que el proceso creativo se inicia con una sólida base de conocimientos, adquiriendo destrezas en una disciplina y dominando una forma de pensar específica. La creatividad se cultiva a través de la experimentación, la exploración, el cuestionamiento de suposiciones, el uso de la imaginación y la síntesis de información. En muchos aspectos, aprender a ser creativo guarda similitudes con aprender un deporte; requiere práctica constante para desarrollar las habilidades necesarias y un entorno propicio que fomente su desarrollo.

Es relevante entender que la creatividad no se limita a las artes o a la invención de productos novedosos. Se manifiesta en diversas áreas de la vida, desde resolver un problema cotidiano de una manera inusual hasta encontrar nuevas formas de comunicarse con los demás. Por ejemplo, en lugar de ver la cocina como una mera tarea, podemos adoptar un enfoque creativo al experimentar con ingredientes inusuales o al fusionar diferentes estilos culinarios para crear algo completamente nuevo y sorprendente. Del mismo modo, en el ámbito profesional, la creatividad puede manifestarse en la forma en que abordamos los desafíos del trabajo diario, ya sea mediante la aplicación de métodos innovadores o la creación de nuevas estrategias para mejorar la eficiencia y la productividad.

La creatividad no solo se trata de generar ideas extravagantes o revolucionarias; también implica la capacidad de encontrar soluciones prácticas y efectivas para problemas concretos. Por ejemplo, en el campo de la sostenibilidad ambiental, la creatividad desempeña un papel fundamental al idear formas innovadoras de reducir el desperdicio, mejorar la eficiencia energética o desarrollar tecnologías limpias.

Asimismo, la creatividad viene a ser una poderosa herramienta para fomentar la colaboración y la cohesión en grupos y equipos de trabajo. Al fomentar un ambiente donde se valoren y se fomente la creatividad, se pueden generar ideas más originales y soluciones más innovadoras. Esto puede ser especialmente importante en entornos laborales donde la diversidad de perspectivas y experiencias puede conducir a soluciones más completas y efectivas.

Considerando los aspectos anteriormente expuestos, fue que nos vimos en el compromiso de buscar brindar la orientación adecuada en tal sentido, basándonos en nuestras propias experiencias y aprendizajes, por tal razón te invito a que nos acompañes en esta etapa de implementación creativa en tu transformación.

Proceso creativo en la mente

Steve Jobs, el cofundador de Apple, es ampliamente reconocido como uno de los innovadores más creativos y visionarios de la era tecnológica. Su habilidad para generar ideas exitosas se debe a una combinación de factores que lo convirtieron en un líder excepcional.

Una de las principales características de él era su capacidad para pensar de manera no convencional. Este no se conformaba con las soluciones obvias o tradicionales, sino que buscaba constantemente nuevas formas de abordar los problemas. Esta mentalidad le permitía ver oportunidades donde otros no las veían, lo que lo llevó a desarrollar productos y servicios que transformaron la industria tecnológica.

Jobs tenía una obsesión por la experiencia del usuario. Entendía que el éxito de un producto no se basaba únicamente en sus especificaciones técnicas, sino en cómo los usuarios interactuaban con él. Dedicaba una gran cantidad de tiempo y recursos a perfeccionar cada detalle, desde el diseño hasta la interfaz, con el objetivo de ofrecer una experiencia fluida y agradable.

Otra habilidad clave que poseía era su capacidad para anticipar las tendencias del mercado y tener una visión a largo plazo. Él no se limitaba a reaccionar a las necesidades del momento, sino que imaginaba cómo evolucionaría la tecnología y qué tipo de productos y servicios serían necesarios en el futuro. Esta visión estratégica le permitió a Apple mantenerse a la vanguardia de la innovación.

Finalmente, la creatividad y el éxito de Jobs se sustentaban en su profunda pasión por la tecnología y su determinación inquebrantable. Él no se detenía ante los obstáculos y siempre buscaba la manera de hacer realidad sus ideas, incluso cuando parecían imposibles. Esta combinación de pasión y determinación lo convirtió en un líder inspirador que logró transformar la industria tecnológica.

Traigo este ejemplo a colación, con la única finalidad de demostrar que cada uno de nosotros debe crear su propio mecanismo para ser creativo y productor de ideas efectivas dentro de su respectivo ámbito, lo que funciona para uno no necesariamente funcionará para otro.

Como formamos ideas

La creatividad, esa llama que enciende nuevas sendas de pensamiento, desata obras de arte cautivadoras y da a luz a descubrimientos científicos revolucionarios, es un proceso mental complejo que ha intrigado a visionarios de todas las épocas. Explorar los secretos de esta es como emprender un viaje por un complejo laberinto dentro de la mente humana, un recorrido lleno de asombro y revelaciones. Aunque sigue envuelta en misterio en muchos aspectos, la neurociencia está comenzando a iluminar los complejos entramados neuronales que subyacen a esta extraordinaria facultad.

Los lóbulos frontales, responsables de las funciones cognitivas superiores, desempeñan un papel esencial en el proceso creativo. Específicamente, la corteza prefrontal, un centro de actividad frenética donde convergen múltiples procesos cognitivos como la memoria de trabajo, la planificación, la toma de decisiones y la inhibición, resulta crucial. Estas funciones ejecutivas nos permiten manipular información, engendrar nuevas ideas y controlar nuestros impulsos, aspectos vitales para la resolución creativa de problemas.

Por otro lado, los lóbulos temporales, emplazados a ambos lados del cerebro, están íntimamente vinculados con la memoria, el lenguaje y el procesamiento emocional. El hipocampo, una estructura clave en los lóbulos temporales, se encarga de consolidar los recuerdos, proceso fundamental para el surgimiento de nuevas ideas. Mientras tanto, el lóbulo temporal izquierdo se especializa en la comprensión y producción del lenguaje, permitiéndonos dar forma a nuestros pensamientos creativos y compartirlos con el mundo. Por su parte, el lóbulo temporal derecho desempeña un papel crucial en el procesamiento y la apreciación emocional, añadiendo profundidad y resonancia a nuestras expresiones creativas.

La red de modo predeterminado (DMN por sus siglas en inglés), una compleja red de regiones cerebrales interconectadas, se activa cuando nuestra mente se libera de las ataduras de la atención focalizada y divaga libremente. Este estado mental, conocido como "pensamiento libre" o "ensueño despierto", constituye un terreno fértil para la creatividad. Durante estos momentos de divagación, la DMN permite que nuestros pensamientos fluyan sin restricciones, estableciendo conexiones inesperadas y dando vida a ideas originales.

A medida que profundizamos en los entresijos neuronales de la creatividad, descubrimos una interacción fascinante entre distintas regiones cerebrales, cada una contribuyendo con su experiencia única al proceso creativo. Los lóbulos frontales proporcionan el control ejecutivo, los lóbulos temporales aportan memoria, lenguaje y profundidad emocional, y la red de modo predeterminado genera pensamiento espontáneo. Esta compleja colaboración da lugar al fenómeno extraordinario que llamamos creatividad.

El pensamiento divergente, ese camino hacia la creatividad desbordante, representa una exploración sin límites de ideas y soluciones inéditas ante cualquier dilema o reto. Es el contrapunto al pensamiento convergente, que se obstina en hallar una única respuesta correcta. Este tipo de pensamiento encuentra su cuna en la activación del hemisferio derecho del cerebro, hogar de la creatividad, la intuición y la visión holística. Por el contrario, el pensamiento convergente se alinea más con el hemisferio izquierdo, el bastión de la lógica, el análisis y la secuencia.

Los destellos de creatividad, esas soluciones que emergen súbitamente, están marcadas por el grito de victoria del "¡Bravo!" que resuena en nuestra mente. Se considera que estos momentos de iluminación son fruto de una mayor conectividad entre distintas regiones cerebrales. Los estudios indican que durante estos momentos de intuición, la red de modo predeterminado del cerebro experimenta un aumento de actividad. La DMN se mantiene activa cuando la mente está en reposo, implicada en procesos de autorreflexión, introspección e integración de información diversa. Cuando la misma establece conexiones con otras redes cerebrales asociadas al pensamiento creativo, como los lóbulos frontales y temporales, puede propiciar esos destellos de conocimiento y avances creativos.

Estos descubrimientos neurocientíficos nos brindan una mirada más profunda a los mecanismos neuronales detrás de la creatividad, iluminando el camino hacia su fomento y mejora mediante la educación, la capacitación y la creación de entornos propicios. Por otra parte está la neuroplasticidad, esa cualidad intrínseca del cerebro que le permite moldear su estructura y función en respuesta a experiencias, aprendizaje y estímulos ambientales, que constituye la base de esta aventura creativa.

Participar en actividades que despierten la imaginación, como el brainstorming, la resolución de problemas o la expresión artística, puede estimular cambios neuroplásticos en el cerebro. Estos se manifiestan en conexiones neuronales reforzadas entre distintas regiones cerebrales, lo que facilita una mejor comunicación e integración de información. Esta sinergia entre regiones cerebrales fomenta la gestación de ideas innovadoras, la flexibilidad mental y la capacidad de discernir conexiones entre conceptos en apariencia disímiles.

Desarrollo de la creatividad

El desarrollo de la creatividad es un proceso fascinante que nos invita a explorar y expandir los límites de nuestra imaginación. A través de técnicas específicas, podemos estimular y nutrir esta habilidad tan importante en todos los aspectos de nuestra vida.

Una de las primeras estrategias para fomentar la creatividad es la práctica de la observación atenta. Este simple acto implica prestar atención a los detalles que nos rodean en nuestro entorno cotidiano. Desde los colores vibrantes de las flores en un jardín hasta los patrones intrincados de las nubes en el cielo, hay infinitas oportunidades para entrenar nuestros sentidos y agudizar nuestra percepción.

Esta práctica nos invita a ser curiosos, a cuestionar lo que vemos y a buscar nuevas perspectivas. Al entrenar nuestra mente para notar las sutilezas que a menudo pasan desapercibidas, estamos fortaleciendo los cimientos de nuestra creatividad. Cada detalle observado puede convertirse en una fuente de inspiración para futuros proyectos creativos.

Otra técnica poderosa para estimular la creatividad es la práctica de la asociación libre. Este ejercicio implica dejar que nuestra mente divague libremente, sin restricciones ni juicios. Al permitir que nuestros pensamientos fluyan sin obstáculos, podemos descubrir conexiones inesperadas entre ideas aparentemente no relacionadas.

La asociación libre es especialmente útil para romper con patrones de pensamiento preestablecidos y explorar nuevas posibilidades. Al conectarnos con nuestro subconsciente, podemos acceder a un vasto tesoro de ideas y conceptos creativos. Ya sea a través de la escritura, el dibujo o simplemente la reflexión, la asociación libre puede abrir puertas a nuevas formas de pensar y crear.

Además de estas técnicas, existen innumerables otras herramientas y enfoques para estimular la imaginación. Desde la práctica del pensamiento lateral hasta la experimentación con diferentes medios artísticos, cada persona puede encontrar su propio camino hacia la expresión creativa. Lo importante es estar abierto a nuevas experiencias y dispuesto a explorar lo desconocido.

Por ejemplo la puesta en práctica de actividades artísticas, es una forma poderosa de expandir nuestros horizontes creativos. Ya sea a través de la pintura, la escultura, la fotografía, la música o cualquier otro medio, cada forma de expresión artística nos ofrece la oportunidad de explorar nuevas técnicas, materiales y conceptos. Al involucrarnos en un medio que puede ser desconocido para nosotros, nos enfrentamos a desafíos que nos obligan a pensar de manera innovadora y a encontrar soluciones creativas.

Este tipo de experimentación también nos permite descubrir nuevas formas de comunicar nuestras ideas y emociones. A través del arte, podemos explorar temas profundos, expresar nuestras experiencias personales y conectar con los demás de maneras que van más allá de las palabras. Cada obra de arte que creamos es una oportunidad para compartir nuestra visión única del mundo y para inspirar a otros a ver las cosas desde una perspectiva diferente.

También debemos considera el participar en actividades que desafíen nuestro pensamiento convencional, ya que es esencial para estimular nuestra creatividad. Estas actividades pueden incluir juegos de ingenio, rompecabezas, debates filosóficos o cualquier otra actividad que nos obligue a cuestionar nuestras suposiciones y a pensar de manera no lineal. Al salir de nuestra zona de confort y enfrentarnos a situaciones nuevas y desafiantes, ampliamos nuestros límites mentales y creamos nuevas conexiones neuronales que impulsan nuestra creatividad.

Beneficios de la creatividad

La capacidad de ser creativo es una destreza esencial que impacta diversos aspectos de nuestra existencia. Esta habilidad nos capacita para pensar de manera original, comunicarnos de forma más efectiva, destacarnos, adaptarnos a los cambios y forjar relaciones significativas. Además, esta se vincula con mejoras en la salud física y mental, así como con una mayor sensación de felicidad y bienestar.

En consecuencia, fomentar y nutrir la creatividad se torna relevante para alcanzar el éxito y prosperar en todas las facetas de nuestra vida diaria.

Cultivar la aptitud creativa implica participar en actividades y ejercicios diseñados para estimular la creatividad y fomentar el surgimiento de nuevas ideas. Estas actividades pueden abarcar desde sesiones de lluvia de ideas hasta experimentar con distintas técnicas y medios, siempre con el propósito de mantener la mente receptiva y flexible ante nuevas formas de pensamiento. Este enfoque puede redundar en una mayor productividad, innovación y satisfacción personal.

Numerosos estudios respaldan la idea de que participar en actividades creativas estimula el cerebro, incrementando su neuroplasticidad y mejorando la función cognitiva. Este estímulo puede traducirse en una memoria más aguda, habilidades mejoradas para resolver problemas y un mayor nivel de imaginación. Además, se ha observado que dichas actividades pueden contribuir a prevenir el declive cognitivo asociado con el envejecimiento.

Además de sus beneficios cognitivos, la creatividad también puede fungir como un eficaz mecanismo para reducir el estrés y promover la relajación. Inmersos en actividades creativas, nuestra mente halla un refugio ante las tensiones cotidianas, permitiéndonos sumergirnos en experiencias placenteras y absorbentes. Esto puede incidir en la reducción del estrés y en la promoción de un estado de calma y bienestar.

La creatividad también juega un papel relevante en el cuidado de nuestra salud mental. Participar en actividades creativas puede elevar la autoestima, mitigar los síntomas de depresión y ansiedad, y potenciar los sentimientos de felicidad y satisfacción. Además, estas actividades pueden conferir un sentido de propósito y logro, aspectos fundamentales para la salud mental y el bienestar integral.

Generación de ideas en grupo

La creatividad es el motor de la innovación, sin ella, los avances quedan estancados en un limbo de ideas sin ejecución. La verdadera magia ocurre cuando las ideas fluyen y se transforman en soluciones tangibles que impulsan el progreso. Sin embargo, no basta con tener ideas; se requiere un enfoque estructurado para gestionarlas y darles vida. La calidad de las ideas es tan importante como su cantidad, y a menudo nos encontramos atrapados en la monotonía de nuestros pensamientos habituales cuando intentamos romper barreras creativas.

La generación de pensamientos creativos es un proceso fascinante que abarca desde la concepción de pensamientos abstractos hasta la materialización de soluciones concretas o visuales. Es el punto de partida en el viaje hacia la innovación, donde se exploran problemas y oportunidades para encontrar respuestas novedosas. Las nuevas ideas son como semillas que germinan y nutren nuestro crecimiento como individuos y como sociedad. Pueden ser la clave para superar obstáculos aparentemente insuperables o para descubrir nuevas formas de abordar desafíos cotidianos.

Una técnica comúnmente empleada para desatar la creatividad es la lluvia de ideas. Sin embargo, su eficacia a menudo se ve cuestionada debido a su tendencia a consumir tiempo y generar ideas de calidad variable. Además, la logística detrás de organizar y documentar una sesión de lluvia de ideas puede resultar engorrosa y poco práctica.

Es importante explorar otras alternativas que desafíen el status quo y fomenten la diversidad de pensamiento. El desafío de ideas, por ejemplo, ofrece una plataforma estructurada para generar soluciones creativas a problemas específicos. Al plantear preguntas concretas a una audiencia seleccionada, se invita a la colaboración y se abre la puerta a perspectivas únicas.

Antes de embarcarse en un reto de ideas, es fundamental definir claramente los objetivos y determinar si se busca identificar desafíos o desarrollar soluciones. Este enfoque estratégico garantiza que el proceso sea efectivo y orientado hacia resultados tangibles. Hay dos enfoques principales para los desafíos de ideas: centrarse en identificar problemas o en desarrollar soluciones. La elección depende de la etapa en la que se encuentre el proceso de innovación y de los objetivos específicos que se persigan.

Si bien concebir ideas es a menudo el aspecto más sencillo de la innovación, organizarlas y gestionarlas puede convertirse en un desafío sin las herramientas adecuadas. A menudo, las nuevas ideas surgen en momentos inesperados, y es crucial poder capturarlas en el momento en que aparecen. Muchas personas optan por utilizar cuadernos digitales o físicos para registrar sus juicios sobre la marcha. Si bien este método puede ser eficaz para tomar notas personales, carece de eficiencia cuando se trata de compartir esas ideas con otros y solicitar retroalimentación para su mejora continua.

Si el objetivo es involucrar a un grupo más amplio en el proceso, es recomendable considerar el uso de una herramienta especializada en la gestión de ideas. Esto asegurará que todas las ideas potenciales se recopilen en un único espacio accesible para todos los colaboradores.

Dada la amplitud del tema de la gestión de ideas y la gran cantidad de criterios que suelen generarse en empresas de gran envergadura, el uso de una herramienta dedicada para la gestión de estas, suele ser una elección lógica para la mayoría de las organizaciones.

Una herramienta de gestión de ideas actúa como el eje central del proceso. Permite recopilar, discutir, evaluar, priorizar y dar seguimiento al progreso de las mismas, así como a la dirección estratégica de las actividades de ideación.

La efectividad de gestionar ideas a través de una herramienta dedicada depende en gran medida del proceso subyacente que la respalde. Para convertir la generación de ideas en un hábito continuo, es fundamental establecer un proceso que facilite tanto la generación como el perfeccionamiento de nuevas ideas. Sin embargo, es importante evitar complicar demasiado los procesos, ya que esto podría resultar en la frustración de quien lo practica en lugar de fomentar la creatividad.

Acá te dejo 5 recomendaciones para crear estrategias de formación de ideas en grupo:

1. Fomentar un ambiente seguro y acogedor:

- Asegúrate de que todos los miembros del grupo se sientan cómodos y libres de juicios.
- Establece reglas claras de respeto, escucha activa y apertura a diferentes perspectivas.
- Crea un espacio físico y emocional que invite a la creatividad y la colaboración.

2. Utilizar técnicas de generación de ideas:

- Implementa métodos como la lluvia de ideas, el pensamiento lateral, el método 6-3-5 o el diseño de pensamiento.
- Estas técnicas ayudan a estimular la creatividad y a generar una amplia gama de ideas.
- Asegúrate de que todos los participantes tengan la oportunidad de contribuir.

3. Fomentar la diversidad de perspectivas:

- Busca reunir a personas con diferentes experiencias, habilidades y antecedentes.
- La diversidad de perspectivas enriquece el proceso de ideación y permite ver el problema desde múltiples ángulos.

- Anima a los participantes a compartir sus ideas sin miedo a ser juzgados.

4. Implementar sesiones de refinamiento y priorización:

- Después de la generación de ideas, dedica tiempo a analizar, refinar y priorizar las propuestas.
- Utiliza herramientas como matrices de evaluación, votación o agrupación por afinidad.
- Esto ayudará a identificar las ideas más prometedoras y a enfocar los esfuerzos en las más viables.

5. Fomentar la implementación y el seguimiento:

- No te detengas en la etapa de ideación; asegúrate de que las mejores ideas se conviertan en acciones concretas.
- Establece un plan de implementación con responsabilidades y plazos claros.
- Realiza un seguimiento periódico para evaluar el progreso y hacer ajustes según sea necesario.

Siguiendo estas 5 recomendaciones, podrás crear estrategias de formación de ideas en grupo que fomenten la creatividad, la colaboración y la implementación efectiva de soluciones innovadoras.

Capítulo 9: Aceptación y autoaceptación

"A veces hay que pelear las batallas más de una vez para ganarlas".

Margaret Thatcher

Era el año 1952 cuando la vida del brillante matemático y científico Alan Turing dio un giro trágico. Conocido por ser uno de los padres de la informática y por haber desempeñado un papel crucial en la derrota de la Alemania nazi durante la Segunda Guerra Mundial, se encontraba en la cima de su carrera.

Sin embargo, su éxito y reconocimiento se vieron empañados por su orientación sexual. En aquella época, la homosexualidad era considerada un delito en el Reino Unido, y Turing no pudo aceptarse a sí mismo ni ser abierto sobre su identidad.

En 1952, Turing fue arrestado y acusado de "indecencia grave" después de que la policía descubriera su relación con un hombre. Como alternativa a la cárcel, se le obligó a someterse a un tratamiento de castración química, una terapia hormonal que le causó graves efectos secundarios tanto físicos como mentales.

A pesar de sus logros científicos y su contribución a la victoria aliada, este matemático fue tratado como un criminal. Profundamente deprimido y avergonzado, el 8 de junio de 1954, a la edad de 41 años, Turing murió por envenenamiento con cianuro, convirtiéndose en una víctima trágica de la intolerancia y la falta de aceptación de la sociedad de la época.

Su muerte prematura privó al mundo de una de las mentes más brillantes del siglo XX. Este hombre de ciencia, nunca pudo reconciliarse con su propia identidad y aceptarse a sí mismo, lo que finalmente lo llevó a un final trágico. Su historia sirve como un doloroso recordatorio de la importancia de la aceptación y la tolerancia, y de cómo la falta de ellas puede tener consecuencias devastadoras.

La autoaceptación

La práctica de aceptarse a uno mismo, conocida como autoaceptación, implica un abrazo total a todas nuestras facetas, ya sean consideradas positivas o negativas. Es un acto de amor incondicional hacia nosotros mismos, donde reconocemos nuestras debilidades sin dejar de abrazar nuestra propia valía. Al aceptarnos plenamente, encontramos una satisfacción genuina con nuestra identidad, incluso con sus imperfecciones y las decisiones que hemos tomado en el pasado.

Esta actitud no solo tiene implicaciones emocionales, sino que también está intrínsecamente ligada a nuestra felicidad. Al aceptarnos a nosotros mismos, abrimos la puerta a una mayor alegría y satisfacción en la vida. Además, la autoaceptación conlleva una serie de beneficios palpables, como la reducción de síntomas depresivos, la disminución del deseo de buscar la aprobación de los demás, la superación del miedo al fracaso y la autocrítica, así como el fortalecimiento de emociones positivas y la consolidación de una sensación de libertad y autonomía.

Por otro lado, la falta de esta puede tener un impacto significativo en nuestro bienestar mental. Cuando luchamos por aceptarnos a nosotros mismos, es más probable que experimentemos niveles más altos de estrés y ansiedad, lo que puede obstaculizar nuestro progreso y nuestra capacidad para alcanzar nuestras metas. En este sentido, esta cualidad no solo es un ingrediente crucial para la felicidad personal, sino también para el éxito y el bienestar general.

Las investigaciones respaldan la importancia de este aspecto en nuestras vidas. Se ha demostrado que aquellos con altos niveles de autoaceptación tienden a centrarse menos en sus aspectos negativos y tienen una mayor disposición para participar en actos de autocuidado y amor propio. Esto sugiere que la misma no solo es un estado mental, sino también un catalizador para comportamientos positivos que promueven el bienestar integral.

Al cultivar tal práctica, no solo nos beneficiamos a nosotros mismos, sino que también impactamos positivamente en nuestras relaciones y en nuestra comunidad. Cuando nos aceptamos a nosotros mismos, somos más compasivos y comprensivos con los demás, lo que fortalece nuestras conexiones interpersonales y fomenta un entorno de apoyo mutuo.

Reconocimiento de la realidad actual

Un aspecto esencial de conectar con la realidad es observarla con claridad y acogerla con compasión y entendimiento. En medio de situaciones desafiantes, surge la oportunidad de aceptar la realidad tal como es y encontrar la felicidad independientemente de las circunstancias, o de otro modo, podemos optar por ignorar la gravedad de nuestros problemas y rechazar reconocer sus causas subyacentes. Sin embargo, desviar la mirada solo conlleva más sufrimiento, ya que ignorar los problemas no los hace desaparecer; por el contrario, persisten y generan emociones negativas como frustración, vergüenza y tristeza.

Por ejemplo, si nos enfrentamos a dificultades financieras debido a hábitos de gasto irresponsables, minimizar la importancia de nuestra situación de deuda solo nos impedirá tomar medidas positivas. Es probable que continuemos gastando más allá de nuestras posibilidades, acumulando así más deudas y sumergiéndonos aún más en la angustia emocional.

Los expertos señalan que eludir y evitar los problemas resulta ineficaz por dos razones fundamentales. En primer lugar, al evitar una situación, reforzamos la percepción de que dicha situación es amenazante o peligrosa. En segundo lugar, la evitación puede convertirse en un patrón adictivo; cada vez que evitamos una situación, experimentamos un alivio temporal que nuestro cerebro interpreta como una recompensa, lo que nos impulsa a seguir evadiendo la situación.

Cuando negamos la realidad, solemos recurrir a soluciones temporales en lugar de abordar la raíz de nuestro malestar. Esto puede llevarnos a adoptar mecanismos poco saludables para lidiar con la situación, como refugiarnos en videojuegos o redes sociales en lugar de afrontar honestamente nuestras responsabilidades.

Aceptar nuestra realidad presente implica ser sinceros con nosotros mismos acerca de nuestra situación actual y los problemas que enfrentamos, ya sea una cuestión financiera o un proyecto laboral estresante. No significa rendirse ni resignarse a la situación, sino más bien reconocer lo que está dentro y fuera de nuestro control. En lugar de desear que las cosas fueran diferentes, podemos utilizar los recursos disponibles, trabajar con la situación actual y tomar medidas concretas para abordar nuestros problemas. Por ejemplo, al reconocer nuestra situación financiera, podemos comenzar a trabajar en un plan para gestionar nuestra deuda.

Para aceptar la realidad, es relevante dejar de lado la búsqueda de la perfección y desvincular nuestra identidad de la situación en cuestión. Esto implica comprender que la situación no define quiénes somos, sino que simplemente es una parte de nuestra experiencia. Este desapego es un componente fundamental de la aceptación radical, una práctica arraigada en enseñanzas meditativas, como las del budismo. En lugar de identificarnos con nuestros problemas, podemos observarlos con compasión y serenidad, lo que nos permite abordarlos de manera más efectiva y encontrar una mayor paz interior.

La práctica de la autocompasión puede ser un elemento clave para mejorar la aceptación de nuestra realidad personal. La autocompasión implica, en esencia, tratarnos a nosotros mismos con más amabilidad y comprensión. Cuando adoptamos una actitud autocrítica y nos juzgamos severamente, tendemos a experimentar sentimientos de culpa y vergüenza que pueden nublar nuestra percepción de la situación y dificultar la búsqueda de soluciones efectivas. Sin embargo, cultivar la autocompasión nos permite trascender estos sentimientos negativos, abriéndonos paso hacia una evaluación más clara de nuestra realidad y facilitando la toma de medidas para mejorarla.

Existen diversas formas de practicar la autocompasión en nuestro día a día

Reemplaza el "debería" por el "quiero": El uso constante de la palabra "debería" suele reflejar una resistencia a aceptar la realidad tal como es, generando emociones como la culpa y la frustración. En cambio, sustituir este término por "quiero" nos ayuda a reconocer y aceptar nuestra situación actual, permitiéndonos así trabajar desde ese punto hacia resultados más satisfactorios.

Trátate con la misma gentileza que tratarías a un bebé: Cuando un bebé está molesto o llora, rara vez lo regañamos o le exigimos que deje de hacerlo, ya que sabemos que esto solo empeoraría la situación. En su lugar, lo reconfortamos y le brindamos espacio para expresar sus emociones. Del mismo modo, practicar la autocompasión implica permitirnos sentir nuestras emociones sin juzgarnos ni castigarnos por ello, sino más bien brindándonos el apoyo y la comprensión que necesitamos para superar esos momentos difíciles.

Al adoptar estas prácticas de autocompasión, nos abrimos a la posibilidad de aceptar nuestra realidad con mayor serenidad y claridad, lo que a su vez nos capacita para enfrentar los desafíos de manera más efectiva y constructiva. La autocompasión no solo nos permite superar la autocrítica y la culpa, sino que también nos brinda la fuerza interior necesaria para avanzar hacia una vida más plena y satisfactoria.

Valoración de la autoestima

La apreciación que tenemos de nosotros mismos juega un papel fundamental en nuestro camino hacia el éxito y la plenitud en la vida. Este concepto, conocido como autoestima, abarca mucho más que una simple evaluación de nuestras habilidades y características. Es el filtro a través del cual interpretamos el mundo que nos rodea y, en consecuencia, influye en nuestras interacciones sociales, nuestras metas profesionales, nuestra salud emocional y nuestro crecimiento personal.

La autoestima, puede variar de una persona a otra y de un momento a otro, puede que en un momento la tengamos y de repente en otro instante la hemos perdido. Una autoestima saludable implica reconocer y aceptar tanto nuestras fortalezas como nuestras debilidades, sin caer en la trampa del exceso de confianza ni en la autocrítica destructiva.

Por ejemplo, si nos vemos a nosotros mismos como alguien con habilidades sociales limitadas, es posible que sintamos ansiedad en situaciones sociales, aquí nos encontramos sin autoestima. Por otro lado, si tenemos una opinión excesivamente elevada de nosotros mismos, podríamos tender hacia comportamientos arrogantes que alejan a los demás, en este caso estaríamos hablando de un ego incontrolable. En ambos casos, la autoestima juega un papel central en la forma en que nos relacionamos con nuestro entorno.

Una autoestima sólida, nos permite desenvolvernos de manera más efectiva en diversos aspectos de la vida. Nos brinda la confianza necesaria para establecer límites saludables en nuestras relaciones, nos ayuda a perseverar en momentos de adversidad y nos impulsa a buscar el crecimiento personal de manera constante.

Es importante reconocer que tal cualidad no siempre es un estado fijo, sino más bien una dimensión fluida que puede cambiar con el tiempo y las experiencias de vida, de esto es que debemos cuidarnos. Cultivar una autoestima sólida requiere un trabajo consciente y continuo, que implica desafiar nuestras creencias limitantes y cultivar una actitud de aceptación y compasión hacia nosotros mismos.

En lugar de buscar la validación externa o compararnos constantemente con los demás, es fundamental aprender a valorarnos por quienes somos, con todas nuestras imperfecciones y virtudes. Esto implica practicar la autocompasión y el autocuidado, reconociendo que somos seres humanos dignos de amor y respeto, independientemente de nuestros logros o fracasos.

Exploración de la autenticidad

Las conexiones humanas son esenciales en todas las facetas de nuestra vida, ya sea en lo personal o en lo profesional. Mantener una autenticidad genuina en estas relaciones es crucial para cultivar la confianza, el respeto y vínculos significativos. La autenticidad implica la coherencia entre lo que somos, lo que valoramos y cómo nos expresamos en nuestras interacciones. No obstante, en un mundo donde a menudo nos enfrentamos a expectativas contradictorias, mantener esa actitud puede ser un verdadero reto.

Primeramente, el desarrollo de la autenticidad parte del autoconocimiento de nuestros valores y creencias. Estos actúan como los cimientos sobre los cuales construimos nuestras acciones y decisiones. Al comprender claramente qué es lo que valoramos y en qué creemos, podemos comunicarnos con seguridad y tomar decisiones que estén en línea con nuestros principios. Este autoexamen requiere reflexión personal, escuchar nuestra voz interior y estar abiertos a la retroalimentación de quienes nos rodean. Este proceso de autoconciencia nos ayuda a ser más deliberados en nuestras relaciones, permitiéndonos comunicar nuestras necesidades y expectativas de manera más efectiva.

Por otra parte, la honestidad y la apertura son aspectos claves de la autenticidad. Ser auténtico implica ser sincero acerca de nuestros pensamientos, sentimientos y motivaciones, y expresarlos con integridad y respeto. La transparencia genera confianza y establece una base sólida para relaciones saludables. Sin embargo, la honestidad no debe confundirse con la rudeza o la falta de empatía. Es fundamental considerar cómo nuestras palabras y acciones pueden afectar a los demás, comunicándonos con sensibilidad y comprensión. Asimismo, estar abiertos implica estar receptivos a la retroalimentación constructiva, reconociendo que el crecimiento personal surge del aprendizaje continuo y la disposición para corregir nuestros errores.

Establecer límites claros y priorizar el autocuidado también son aspectos esenciales de la autenticidad. Reconocer y comunicar nuestros límites es fundamental para preservar nuestro bienestar emocional y prevenir el agotamiento. Del mismo modo, el autocuidado, que abarca el cuidado de nuestra salud física, emocional y mental, nos permite recargar energías y mostrarnos de manera auténtica en nuestras relaciones. Descuidar nuestras necesidades personales corre el riesgo de socavar nuestra capacidad para mantenernos auténticos y conectados con los demás.

Aceptación de los cambios

El transcurso de la vida está marcado por la inevitabilidad del cambio. A veces lo buscamos activamente, mientras que en otras ocasiones se nos impone de manera abrupta. Sin importar su origen, el cambio es una constante que modela nuestro desarrollo personal y profesional. En un mundo caracterizado por su rápida evolución, la capacidad de abrazar el cambio se ha vuelto esencial, moldeando nuestro crecimiento en diversos aspectos.

En el ámbito laboral, la adaptabilidad es una cualidad altamente valorada. En un entorno donde las industrias son constantemente sacudidas por innovaciones y las dinámicas del mercado cambian con celeridad, aquellos capaces de ajustarse y prosperar ante el cambio tienen una ventaja competitiva significativa. Estos individuos identifican oportunidades en medio de la incertidumbre y mantienen sus habilidades actualizadas, garantizando su relevancia en las organizaciones en las que se desempeñan.

Tomemos como ejemplo la revolución tecnológica. En las últimas décadas, ha transformado sectores tan diversos como la comunicación y el comercio. Aquellos que resistieron o subestimaron este cambio se encontraron rezagados, luchando por mantenerse a flote en un mar de transformaciones. Por el contrario, aquellos que reconocieron la importancia de adaptarse y desarrollaron competencias digitales no solo sobrevivieron, sino que también prosperaron en este nuevo escenario.

A nivel personal, la innovación también conlleva una gran transformación. Nos desafía, nos saca de nuestra zona de confort y nos obliga a adquirir nuevas habilidades y perspectivas. Esta transformación puede manifestarse de diversas maneras, ya sea mediante una mudanza a un nuevo lugar, el inicio de una familia o incluso atravesando momentos de crisis. A pesar de las dificultades que puedan surgir, estos momentos también representan oportunidades para nuestro crecimiento personal.

Es fundamental reconocer que la aceptación de lo nuevo, no implica resignación pasiva, sino más bien una actitud proactiva hacia las circunstancias que nos rodean. Significa estar dispuesto a adaptarse y encontrar formas creativas de aprovechar las nuevas oportunidades que se presentan. Aquellos que abrazan el cambio no solo se limitan a sobrevivir, sino que aprenden a prosperar en medio de la incertidumbre.

La historia está repleta de ejemplos de individuos y organizaciones que han abrazado la evolución con éxito. Desde empresas que han reinventado por completo sus modelos de negocio hasta personas que han transformado sus vidas a través de la adaptación a nuevas circunstancias, la capacidad de aceptar la transformación es un factor determinante para el éxito a largo plazo.

En un mundo cada vez más interconectado y en constante movimiento, la capacidad de adaptación se vuelve aún más vital. La globalización y los avances tecnológicos han acelerado el ritmo del cambio, creando un entorno en el que la capacidad de adaptarse se convierte en un diferenciador clave tanto a nivel personal como profesional.

Para cultivar una mentalidad de aceptación de la innovación, es importante desarrollar la resiliencia emocional y la flexibilidad mental. Esto implica aprender a gestionar el estrés y la ansiedad que a menudo acompañan al cambio, así como estar abiertos a nuevas ideas y enfoques. Además, es fundamental cultivar una mentalidad de aprendizaje continuo, reconociendo que lo nuevo también puede ser una oportunidad para adquirir otras habilidades y conocimientos.

La práctica de la meditación y el mindfulness también llegan a ser especialmente útil para desarrollar la resiliencia emocional y la capacidad de adaptación. Estas prácticas nos ayudan a cultivar la atención plena y a mantenernos presentes en el momento presente, lo que puede ser invaluable cuando enfrentamos momentos de cambio y transformación.

Desarrollo de la tolerancia

La tolerancia, ese preciado don de aceptación, se distingue como la capacidad de convivir con las diferencias de opiniones y acciones de los demás, aun cuando estas nos resulten incómodas o desafiantes. En una época cada vez más marcada por la polarización y la falta de entendimiento, cultivar la tolerancia se convierte en un acto de vital importancia para el bienestar social.

En la era digital, las redes sociales han sido señaladas como uno de los principales catalizadores de la polarización, creando burbujas de información donde nuestras opiniones se refuerzan constantemente, alejándonos de perspectivas alternativas. Es relevante reconocer este fenómeno y contrarrestarlo mediante una actitud receptiva hacia las opiniones divergentes. Abrirse a escuchar y comprender puntos de vista diferentes puede enriquecer nuestro entendimiento del mundo y fortalecer nuestros lazos con los demás.

La tolerancia, entendida como la capacidad de enfrentar situaciones o personas que nos resultan molestas o desagradables, sobresale como un elemento fundamental en la convivencia humana. En nuestra travesía por la vida, inevitablemente nos toparemos con individuos o circunstancias que desafiarán nuestra paciencia y comprensión. Sin embargo, reaccionar con hostilidad solo perpetúa el ciclo de discordia. En cambio, optar por la tolerancia representa un gran beneficio de la interacción social, facilitando la convivencia armoniosa.

A través de la práctica de la tolerancia, cultivamos virtudes ancestrales como la paciencia y el buen humor. Al aceptar a los demás tal como son, sin imponer nuestras propias expectativas sobre ellos, fomentamos un ambiente de respeto mutuo y empatía. Tal práctica no solo implica aceptar las diferencias, sino también aprender a convivir con ellas de manera constructiva.

En una era cada vez más diversa y compleja, la tolerancia surge como una forma de resiliencia ante la adversidad. Al aprender a lidiar con opiniones y situaciones que nos desafían, fortalecemos nuestra capacidad para adaptarnos y superar obstáculos. Esta cualidad nos permite mantenernos firmes en nuestros principios sin caer en la rigidez mental, abriendo espacio para el diálogo y la colaboración incluso en medio de la divergencia.

Para fomentar la tolerancia en nuestra sociedad, es necesario cultivar una mentalidad de apertura y respeto hacia las diferencias. Esto implica educar a las generaciones futuras en la importancia de la diversidad y el valor del diálogo constructivo. Además, es fundamental promover políticas inclusivas que garanticen la igualdad de derechos y oportunidades para todos, independientemente de su origen, creencias o identidad.

En definitiva, la tolerancia no solo beneficia a la sociedad en su conjunto, sino que también enriquece nuestras vidas a nivel individual. Al aprender a aceptar y convivir con la diversidad, expandimos nuestros horizontes y enriquecemos nuestra experiencia humana. La tolerancia nos invita a celebrar la riqueza de la pluralidad y a reconocer la belleza que yace en la diferencia.

Consejos para fomentar la tolerancia hacia los demás

Reconocer que nuestras emociones y reacciones son responsabilidad nuestra es un primer paso en el desarrollo de la tolerancia. En lugar de atribuir nuestros sentimientos de enojo, herida o molestia a las acciones de los demás, podemos tomar el control de nuestras emociones y elegir cómo responder ante las situaciones que enfrentamos. Cambiar nuestra perspectiva de culpar a otros por cómo nos sentimos a asumir la responsabilidad de nuestras propias reacciones nos empodera y nos libera del ciclo de resentimiento y conflicto.

La falta de consideración hacia los demás a menudo surge de una falta de comprensión. Al abrir nuestra mente y educarnos sobre diferentes culturas, perspectivas y experiencias de vida, ampliamos nuestra capacidad de empatía y aceptación. Reconocer que cada individuo tiene su propio trasfondo único nos permite comprender mejor sus motivaciones y comportamientos, incluso si no siempre estamos de acuerdo con ellos. Al cultivar la empatía y el entendimiento, construimos puentes hacia una convivencia más armoniosa y respetuosa.

Es importante recordar que nuestras diferencias no nos definen ni nos dividen, sino que enriquecen nuestra experiencia colectiva como seres humanos. Aunque es posible que no siempre comprendamos completamente las experiencias de los demás, podemos adoptar una actitud de apertura y respeto hacia sus perspectivas y opiniones. En lugar de centrarnos en nuestras discrepancias, podemos enfocarnos en el valor intrínseco de la diversidad y enriquecernos mutuamente a través del intercambio de ideas y experiencias.

Cuando nos encontramos en desacuerdo con las opiniones de los demás, es fundamental recordar el principio del respeto mutuo y la libertad de pensamiento. Cada individuo tiene derecho a expresar sus opiniones y creencias, y es nuestra responsabilidad tratar a los demás con cortesía y respeto, incluso cuando no compartimos sus puntos de vista. Al reconocer y valorar la autonomía de cada persona para pensar por sí misma, promovemos un entorno de diálogo constructivo y enriquecedor.

Desarrollar una mayor tolerancia hacia los demás no solo beneficia nuestras relaciones interpersonales, sino que también contribuye a nuestro bienestar emocional y mental. Al liberarnos del peso del resentimiento y la hostilidad, experimentamos una sensación de paz interior y armonía con nuestro entorno. Valorar y celebrar la diversidad nos permite reconocer la belleza y la riqueza que yace en la multiplicidad de experiencias humanas, enriqueciendo nuestras vidas de manera significativa.

Esta búsqueda de comprensión es un viaje continuo que requiere compromiso y práctica constante. A medida que nos esforzamos por cultivar una actitud de apertura y aceptación hacia los demás, cosechamos los frutos de una convivencia más compasiva y comprensiva. Nuestra capacidad para relacionarnos con los demás de manera respetuosa y empática nos fortalece individualmente y fortalece el tejido social en el que estamos inmersos.

Capítulo 10: Resiliencia y superación de obstáculos

"La vida empieza cada cinco minutos".

Andreu Buenafuente

La resiliencia, esa cualidad intrínseca que nos permite doblarnos pero no quebrarnos frente a las tormentas de la vida, aparece como una luz de esperanza en los momentos más oscuros. Es la capacidad de recuperarse de la adversidad, de adaptarse a los cambios y de seguir adelante con determinación, incluso cuando todo parece estar en contra. Es el arte de transformar el dolor en fortaleza, las lágrimas en lecciones y las derrotas en oportunidades de crecimiento.

En el mundo del deporte de élite, la resiliencia se hace evidente cuando los deportistas enfrentan lesiones y adversidades físicas con determinación para seguir compitiendo y luchando por la victoria. Esta capacidad de superación se pone a prueba incluso frente a la falta de confianza por parte de entrenadores y directivos.

Un ejemplo inspirador de esta cualidad es la historia de Stephen Curry, considerado como el líder histórico de la NBA en triples anotados, ha sido reconocido en numerosas ocasiones por su destreza en la cancha. Con una carrera que abarca múltiples logros, ha sido campeón de la NBA en cuatro ocasiones, dos veces MVP de la temporada regular y una vez MVP de las Finales. Además, cuenta con dos victorias en la Copa del Mundo con el equipo nacional de los Estados Unidos. Su habilidad como tirador lo ha consagrado como uno de los grandes nombres en la historia del baloncesto. Durante su año de draft en 2009, los informes sobre él no auguraban un gran futuro en la liga debido a su estatura (1,88 metros), su constitución física menos robusta y su posición como base.

Sin embargo, Curry se negó a dejar que las críticas lo detuvieran y se dedicó incansablemente a mejorar su juego. A lo largo de los años, con trabajo duro y sacrificio, logró una transformación sorprendente. Seis años después, en 2015, alcanzó la cúspide de su carrera al ser nombrado el MVP de la liga y alzarse con el anillo de campeón de la NBA con su equipo, demostrando así cómo la resiliencia puede convertir los desafíos en triunfos notables.

Visto lo anterior, queremos que sepas que en esta sección, exploraremos las profundidades de la resiliencia humana y la extraordinaria capacidad de superación que reside en cada uno de nosotros. Evaluaremos los fundamentos de la resiliencia, desde la autoconciencia y la aceptación hasta la búsqueda de apoyo y la capacidad de encontrar significado en medio del caos. Descubriremos cómo la mente humana puede convertirse en nuestra mayor aliada en tiempos de dificultad, permitiéndonos encontrar soluciones creativas, mantener una actitud positiva y cultivar la esperanza en el corazón de la desesperación.

Además, examinaremos las estrategias prácticas para cultivar la resiliencia en nuestra vida cotidiana, desde el desarrollo de una mentalidad de crecimiento hasta la práctica del autocuidado y la gestión efectiva del estrés. Aprenderemos a transformar los momentos de fracaso en oportunidades de aprendizaje, a encontrar fuerza en nuestras debilidades y a abrazar la vulnerabilidad como un paso crucial hacia el crecimiento personal.

En fin, este capítulo nos invita a reflexionar sobre nuestras propias experiencias de superación y resiliencia. Nos desafía a mirar más allá de nuestras limitaciones percibidas, a abrazar el poder transformador del cambio y a encontrar el coraje para seguir adelante, incluso cuando el camino parece empinado y sinuoso.

Cómo funciona el cerebro de los individuos resilientes

El cerebro de los individuos resilientes exhibe una serie de características distintivas en comparación con aquellos que no lo son, tanto a nivel mental como hormonal. Desde una perspectiva neurocientífica, dicha cualidad involucra una compleja interacción entre diferentes regiones cerebrales y sistemas hormonales que contribuyen a la capacidad de adaptarse y recuperarse frente a situaciones estresantes.

Modo Mental:

- Las personas resilientes suelen tener una mayor activación de regiones cerebrales asociadas con la resolución de problemas y la toma de decisiones, como la corteza prefrontal dorsolateral. Esta mayor actividad sugiere una capacidad mejorada para mantener la calma y pensar con claridad bajo presión.
- Además, se observa una reducción en la actividad de regiones cerebrales relacionadas con el procesamiento de las emociones negativas, como la amígdala. Esto sugiere que los individuos resilientes pueden experimentar emociones difíciles de manera menos intensa y pueden regular mejor sus respuestas emocionales ante el estrés.

Sistemas Hormonales:

- La resiliencia está asociada con niveles más bajos de cortisol, la hormona del estrés, en respuesta a situaciones estresantes. Esto sugiere una mayor capacidad de autorregulación del sistema hormonal de estrés en individuos con tal cualidad.
- Además, se ha observado un aumento en la liberación de hormonas como la dopamina y la oxitocina en personas

resilientes. Estas hormonas están asociadas con sentimientos de recompensa, placer y vínculo social, lo que puede ayudar a amortiguar los efectos negativos del estrés y promover la recuperación emocional.

En comparación con las personas vulnerables, aquellos que realmente son resilientes muestran una mayor capacidad para regular las respuestas emocionales, mantener un pensamiento claro y adaptarse eficazmente a las situaciones estresantes. Estas diferencias a nivel cerebral y hormonal llegan a contribuir a una mayor capacidad de recuperación y adaptación frente a la adversidad en individuos resilientes.

Entendiendo personajes resilientes de la historia

La narrativa de Thomas Edison y su incansable búsqueda por perfeccionar la bombilla incandescente es una historia emblemática de perseverancia y resiliencia. A través de innumerables intentos y errores, Edison demostró una notable capacidad para sobreponerse a los obstáculos y seguir adelante hacia su objetivo. Aunque su laboratorio en Menlo Park fue testigo de numerosos "fracasos", cada uno de ellos fue una lección que lo acercó un poco más a su visión.

Imaginemos un mundo donde Edison se hubiera detenido después de sus primeros intentos fallidos. Sería difícil concebir un escenario donde los avances revolucionarios como el fonógrafo, el telégrafo y la película no fueran parte de nuestra realidad cotidiana. La historia de Edison nos insta a reflexionar sobre nuestra propia capacidad de superación: ¿poseemos la resiliencia necesaria para enfrentar nuestros propios desafíos? O ¿permitimos que nuestros contratiempos dicten el rumbo de nuestros sueños?

De acuerdo con las investigaciones, la resiliencia se sustenta en tres factores esenciales:

- Perspectiva de desafío: Las personas resilientes enfrentan las dificultades como oportunidades de crecimiento en lugar de obstáculos insuperables. Ven en los fracasos y errores un terreno fértil para cultivar el aprendizaje y la superación personal. En lugar de interpretarlos como un menoscabo a su valía, los asumen como parte natural del camino hacia el éxito.
- Compromiso vital: La resiliencia se nutre del compromiso con la vida y sus metas. Quienes la poseen encuentran motivación y propósito en cada nuevo día, no solo en el ámbito laboral, sino también en sus relaciones personales, sus pasiones y sus convicciones. Este compromiso les otorga la fuerza necesaria para levantarse tras cada caída y seguir adelante con determinación.
- Control personal: La capacidad de enfocar la energía en aquello que está bajo nuestro control es un rasgo distintivo de las personas resilientes. En lugar de desperdiciar tiempo y esfuerzo en preocupaciones infructuosas, dirigen su atención hacia aquellas áreas donde pueden marcar la diferencia. Este enfoque selectivo les brinda un sentido de empoderamiento y confianza en sí mismos.

Un ejemplo contemporáneo que ilustra la resiliencia y la capacidad de superación es el de Malala Yousafzai, la activista paquistaní defensora de la educación de las niñas. A pesar de ser atacada brutalmente por el Talibán, Malala no se dejó intimidar. En cambio, transformó esa experiencia traumática en un motor para su lucha incansable por los derechos humanos y la igualdad de género. Su determinación y valentía la convirtieron en un símbolo global de resiliencia y esperanza.

Del mismo modo, podemos encontrar ejemplos de resiliencia en nuestro entorno más cercano. Desde el estudiante que supera un fracaso académico hasta el emprendedor que enfrenta la adversidad económica con ingenio y determinación, tal cualidad se manifiesta de diversas formas en la vida cotidiana. Es un recordatorio de la capacidad inherente del ser humano para adaptarse y crecer ante las circunstancias más desafiantes.

En definitiva, la resiliencia no es solo la capacidad de superar obstáculos, sino también el proceso de transformación personal que emerge de esas experiencias. Nos invita a abrazar la adversidad como una oportunidad para aprender, crecer y alcanzar nuestro máximo potencial. En un mundo caracterizado por la incertidumbre y el cambio constante, la resiliencia se convierte en una brújula que nos guía hacia la fortaleza interior y la realización personal.

Impacto en el logro de objetivos

En el camino hacia la consecución de cualquier objetivo, es natural encontrarse con adversidades que pueden desafiar nuestra determinación y resistencia. Estos contratiempos, lejos de ser inevitables, constituyen oportunidades para el crecimiento y la superación personal.

Es fundamental entender que ninguna estrategia puede garantizar el éxito sin excepción. A pesar de nuestros mejores esfuerzos, a veces los obstáculos persisten, retando nuestra voluntad y capacidad para avanzar. Sin embargo, es importante reconocer que el fracaso ocasional no disminuye el valor de nuestros logros generales.

Las derrotas, lejos de ser algo a evitar a toda costa, puede ser una herramienta invaluable para aprender y crecer. Aquellos que temen fallar o renuncian ante la adversidad a menudo se limitan a sí mismos, impidiendo que alcancen su máximo potencial. La resiliencia, en cambio, es la clave para superar estos obstáculos y seguir adelante hacia el éxito.

Existen individuos en el mundo que no temen al fracaso, no porque nunca fallen, sino porque han desarrollado la capacidad de recuperarse después de cada tropiezo. Estas personas aceptan sus errores, aprenden de ellos y persisten en la búsqueda de sus objetivos. Su capacidad les permite adaptarse a las circunstancias adversas y perseverar a pesar de los reveses.

La resiliencia no solo es relevante en el ámbito personal, sino también en el profesional. Aquellos que temen al fracaso o se sienten impotentes frente a los obstáculos tienden a estancarse en su desarrollo y a dudar de sus capacidades. Por el contrario, quienes son resistentes enfocan su energía en aquello que pueden controlar y en buscar estrategias para alcanzar sus metas.

Es común fijarnos metas que luego no logramos alcanzar, ya sea por miedo a equivocarnos o por enfrentar contratiempos en el camino. Sin embargo, es importante no perder de vista todo el progreso que hemos hecho y las veces que hemos superado desafíos anteriores. Reflexionar sobre nuestras victorias pasadas nos brinda la confianza necesaria para perseverar ante nuevas adversidades.

La resiliencia nos permite mantenernos firmes frente a la incertidumbre y los obstáculos, permitiéndonos seguir adelante hacia nuestros objetivos con determinación y confianza. A través de tal cualidad, transformamos los fracasos en oportunidades de aprendizaje y fortalecimiento personal. En lugar de ver los obstáculos como barreras infranqueables, los enfrentamos como desafíos que nos ayudarán a crecer y alcanzar nuestro máximo potencial.

Afrontamiento efectivo

La capacidad para superar obstáculos y mantenerse firme frente a la adversidad es fundamental para enfrentar los desafíos que la vida nos presenta. Desarrollar habilidades de afrontamiento efectivas puede marcar la diferencia entre sucumbir ante la presión y salir fortalecido de las situaciones difíciles. Estas habilidades no solo nos ayudan a sobrellevar el estrés, sino que también influyen en nuestra salud física y mental, así como en nuestra capacidad para desempeñarnos en nuestras responsabilidades diarias.

Existen diversas estrategias de afrontamiento, cada una con su enfoque y utilidad específicos. En lugar de optar por soluciones rápidas que puedan generar problemas a largo plazo, es esencial cultivar habilidades que promuevan un bienestar sostenible y una resolución efectiva de los desafíos que enfrentamos.

Entre las principales categorías de habilidades de afrontamiento se encuentran el afrontamiento centrado en el problema y el afrontamiento centrado en las emociones.

- El afrontamiento centrado en el problema se enfoca en tomar medidas concretas para cambiar una situación estresante. Por ejemplo, si una relación tóxica está generando malestar, esta estrategia podría implicar tomar la decisión de poner fin a dicha relación en lugar de simplemente intentar gestionar las emociones asociadas con ella.
- Por otro lado, el afrontamiento centrado en las emociones se centra en manejar y procesar los sentimientos relacionados con una situación estresante, especialmente cuando cambiar la situación no está dentro de nuestro control inmediato. Por ejemplo, en momentos de duelo por la pérdida de un ser querido, es relevante permitirse sentir y expresar esas emociones de manera saludable para poder avanzar en el proceso de sanación.

No existe una única estrategia de afrontamiento que sea la mejor en todas las circunstancias. La elección de la estrategia adecuada depende de la naturaleza específica del desafío que enfrentamos y de nuestras propias preferencias y recursos emocionales.

A continuación, te presento algunos ejemplos de cómo se pueden aplicar estas estrategias en diferentes situaciones:

- Enfrentar un problema de frente y buscar soluciones prácticas: esto puede implicar cambios en el comportamiento, como establecer límites saludables o desarrollar un plan de acción para abordar la situación de manera efectiva.
- Buscar apoyo social: hablar con amigos cercanos o buscar la orientación de un profesional puede proporcionar perspectivas útiles y brindar el apoyo emocional necesario para enfrentar desafíos difíciles.
- Participar en la resolución de problemas: trabajar en conjunto con otras personas para encontrar soluciones creativas y efectivas puede ayudar a abordar situaciones complejas de manera más completa.
- Tomarse un tiempo para desconectar y cuidar de uno mismo: en momentos de alta tensión, es importante tomarse un tiempo para relajarse y recargar energías, ya sea a través de actividades como la meditación, el ejercicio o simplemente dedicando tiempo a hobbies y pasatiempos.
- Aprender a manejar el tiempo de manera efectiva: desarrollar habilidades de organización y gestión del tiempo puede ayudar a reducir el estrés asociado con plazos ajustados y demandas exigentes.

Cada uno de estos enfoques ofrece herramientas prácticas para enfrentar los desafíos de la vida de manera efectiva, promoviendo la resiliencia y el bienestar emocional a largo plazo. Al cultivar y fortalecer estas habilidades de afrontamiento, podemos estar mejor preparados para superar los obstáculos que se presenten en nuestro camino y continuar avanzando hacia nuestros objetivos y aspiraciones.

Fortaleza emocional

Nelson Mandela es uno de los ejemplos más inspiradores de resiliencia en la era moderna. Encarcelado durante 27 años por sus ideas y acciones en contra del apartheid en Sudáfrica, Mandela tuvo que enfrentar una adversidad extraordinaria.

Durante su largo cautiverio, este fue sometido a condiciones duras y degradantes. Sin embargo, en lugar de dejarse vencer por la amargura y el resentimiento, desarrolló una fuerza interior inquebrantable. Mantuvo su determinación de luchar por la igualdad y la justicia, y nunca perdió la esperanza de ver un Sudáfrica libre de la opresión racial.

Incluso en los momentos más oscuros, Mandela se aferró a su visión de un futuro mejor. Utilizó el tiempo en prisión para estudiar, meditar y fortalecer su espíritu. Cuando finalmente fue liberado en 1990, a la edad de 71 años, su compromiso con la reconciliación y la transformación social era más fuerte que nunca.

De esta manera se convirtió en el primer presidente negro de Sudáfrica, liderando la transición hacia una democracia multiracial. A pesar de haber sufrido tanto, nunca se dejó consumir por el odio o la venganza. En su lugar, abrazó el perdón y la unidad, convirtiéndose en un símbolo mundial de la resiliencia humana.

Entender la esencia de la resiliencia emocional es fundamental para cultivar y aprovechar esta destreza vital. La misma implica la habilidad de adaptarse y sobreponerse ante la adversidad, los contratiempos y los retos. Requiere mantener una actitud positiva, gestionar las emociones de manera efectiva, promover el crecimiento personal y la superación, y mantener una sólida responsabilidad sobre las respuestas emocionales, elementos fundamentales de una mentalidad de desarrollo.

Desde una perspectiva psicológica, esta se ve influenciada por diversos aspectos y mecanismos. Rasgos como el optimismo, la perseverancia y la autoconfianza contribuyen a esta capacidad, mientras que mecanismos como el replanteamiento cognitivo y la regulación emocional ayudan a las personas a enfrentar situaciones difíciles con fortaleza. Este proceso requiere un alto grado de responsabilidad individual, ya que implica una participación activa en la gestión de las emociones y los procesos mentales.

En este ámbito, es relevante entender que no se trata de no ser afectado por la adversidad, sino más bien de la capacidad de recuperarse de los contratiempos. Las personas resilientes comprenden que los reveses son temporales y los ven como oportunidades para crecer y fortalecerse.

La psicología detrás de la resiliencia emocional es compleja y multifacética. Se ve influenciada por una variedad de rasgos y mecanismos psicológicos. Características como el optimismo, la esperanza, la autoconfianza y la autoestima positiva son contribuyentes clave a esta cualidad personal. Estos rasgos fomentan la creencia en la capacidad de superar desafíos, proporcionando a las personas la confianza necesaria para enfrentar la adversidad y perseverar. Sin embargo, la misma puede ser obstaculizada por rasgos como el pesimismo, que pueden llevar a una perspectiva negativa y dificultar la capacidad de adaptación y recuperación ante la adversidad.

Diversos mecanismos desempeñan un papel relevante en la resiliencia emocional. El replanteamiento cognitivo, que implica transformar pensamientos negativos en positivos o más constructivos, ayuda a mantener una perspectiva optimista y promueve una mentalidad orientada a la solución. La regulación emocional, por su parte, consiste en gestionar y expresar las emociones de manera saludable, permitiendo a las personas afrontar las emociones difíciles de forma efectiva y reduciendo su impacto en el bienestar general.

Desarrollar esta característica humana, implica alcanzar un equilibrio entre las reacciones emocionales y la adaptabilidad. Requiere reconocer y validar las emociones al mismo tiempo que se cultiva la capacidad de adaptarse y encontrar soluciones. Las personas resilientes están abiertas al cambio, dispuestas a aprender de los fracasos y a aceptar los desafíos como oportunidades de crecimiento.

Crecimiento personal a través de la adversidad

El proceso de desarrollo personal abarca un viaje continuo de autodescubrimiento y mejora en distintos aspectos de nuestra vida. Desde la salud hasta nuestras relaciones interpersonales, pasando por nuestra carrera profesional y valores personales, cada área representa una oportunidad para crecer y evolucionar. Este camino hacia el crecimiento implica un constante aprendizaje, la exploración de nuevas facetas de nuestra personalidad y la superación de obstáculos que nos impiden alcanzar nuestro potencial máximo. A lo largo de este recorrido, nos encontramos con la resiliencia como una herramienta fundamental que nos capacita para afrontar los desafíos de manera constructiva y transformadora.

Los ejemplos de crecimiento personal a través de la resiliencia son diversos y pueden manifestarse en situaciones cotidianas o extraordinarias. Por ejemplo, enfrentar una ruptura sentimental puede ser una oportunidad para redescubrirnos a nosotros mismos y redefinir nuestras prioridades. De manera similar, perder un empleo puede ser el impulso que necesitamos para explorar nuevas oportunidades o desarrollar habilidades que no sabíamos que teníamos. En momentos de crisis de salud, adoptar hábitos saludables puede contribuir significativamente a nuestro bienestar físico y emocional. Incluso mudarse a un nuevo lugar puede ser una oportunidad para crecer y adaptarnos a un entorno diferente.

La mejora de la resiliencia y el crecimiento personal pueden lograrse mediante diversas estrategias y prácticas. Cultivar una red de apoyo sólida, buscar experiencias que nos saquen de nuestra zona de confort y reflexionar sobre nuestros éxitos y fracasos pasados son solo algunas de las formas en que podemos fortalecer nuestra resiliencia. Practicar la gratitud y adoptar una mentalidad de crecimiento nos ayuda a mantener una actitud positiva ante los desafíos que enfrentamos en nuestra vida diaria.

El crecimiento personal a través de la resiliencia tiene una serie de beneficios tangibles. Desde un aumento en la autoestima hasta una mejora en nuestra salud general, cada paso que damos hacia una mayor resiliencia se refleja en todos los aspectos de nuestra vida. Además, nos permite mejorar nuestras habilidades de comunicación, ser más creativos e innovadores, y aumentar nuestra productividad en todas las áreas de nuestra vida.

Capítulo 11: Prácticas para crear tu futuro

"Lo más difícil es la decisión de actuar, el resto es meramente tenacidad".

Amelia Earhart

En la dinámica de la grandeza deportiva, la línea entre la victoria y la derrota se desvanece en el poder de la mente. Observemos a Michael Phelps, un titán entre los atletas, un maestro en la piscina cuyos éxitos parecen insondables. ¿Cuál es su secreto? ¿Cómo ha logrado este hombre conquistar no solo la competencia, sino la historia misma de la natación?

Adentrémonos en su mundo, dentro de la mente de este atleta, una escena se desarrolla con una claridad asombrosa: él, emergiendo de las profundidades azules, rompiendo récords y conquistando el podio olímpico. No es solo una imagen fugaz; es una visión que ha cultivado con cuidado, una herramienta poderosa que lleva consigo en cada brazada.

La visualización, esa práctica aparentemente etérea pero sorprendentemente efectiva, es el arma secreta de Phelps. Él no solo imagina el éxito; lo vive. Cada detalle se vuelve vívido en su mente: la sensación del agua acariciando su piel, el eco de los aplausos en sus oídos, la gloria de alcanzar la meta. Y así, antes de que el cronómetro se active, él ya ha conquistado la victoria en el teatro de su mente.

Pero no te confundas, esta no es una fantasía de ensueño. Los datos respaldan la eficacia de la visualización. Estudios científicos han demostrado que la práctica mental puede fortalecer los músculos, mejorar la coordinación y aumentar el rendimiento atlético. Para este deportista, la visualización no es solo un truco; es una herramienta científicamente validada para alcanzar la grandeza.

Entonces, ¿qué lecciones podemos extraer de la odisea de Phelps en el diseño de nuestro futuro? Nos enseña que el mañana no está escrito en piedra, sino moldeado por la visión y la determinación. Nos recuerda que, incluso en los momentos de mayor presión, el poder de la mente puede superar los límites del cuerpo.

En este capítulo, exploraremos cómo podemos aplicar estas lecciones en nuestras propias vidas, cómo podemos utilizar diversas herramientas para esculpir el futuro que deseamos. Al igual que Phelps en la piscina, nosotros también podemos adentrarnos en el vasto océano de posibilidades y surgir como campeones de nuestros destinos. ¿Estás listo para abrir la puerta hacia tu propio potencial ilimitado?

Fijación de metas y objetivos

El acto de establecer metas no solo es una práctica común, sino que es fundamental para nuestro desarrollo personal y profesional. A menudo subestimamos su importancia en nuestro camino hacia el éxito y la resiliencia. Sin embargo, más allá de ser una tarea monótona, el establecimiento de metas nos proporciona una brújula que guía nuestros esfuerzos y nos impulsa a superar obstáculos.

Las metas no solo nos instan a adoptar nuevos comportamientos, sino que también canalizan nuestra concentración y nos brindan el impulso necesario para seguir adelante. Son como faros que iluminan nuestro camino, orientándonos hacia la consecución de nuestros deseos más profundos y haciéndonos más resistentes ante las adversidades que puedan surgir.

Cuando establecemos metas, estamos trazando un mapa que nos indica la dirección que debemos tomar. Este mapa nos ayuda a cambiar nuestros comportamientos y actitudes para alcanzar esos objetivos. Nos proporciona el enfoque y la determinación que necesitamos para mejorar continuamente y enfrentar con valentía los desafíos que se nos presentan.

La importancia de fijar metas no solo se limita a nivel individual, sino que también se extiende a las organizaciones. El establecimiento de objetivos no debe ser una tarea que se realice apresuradamente, sino que requiere tiempo y dedicación. Es vital comprender por qué el establecimiento de metas es crucial para el crecimiento y el éxito de los empleados dentro de una empresa.

Al fomentar una cultura de responsabilidad y seguimiento del progreso, el establecimiento de objetivos mantiene a los empleados motivados y comprometidos con los objetivos estratégicos de la empresa. Esto, a su vez, conduce a un mejor desempeño organizacional y a un ambiente laboral más productivo y cohesionado.

Los objetivos no solo comunican expectativas, sino que también demuestran el impacto que el trabajo de un equipo tiene en el panorama general de la empresa. Esta comprensión más amplia de su contribución impulsa un mayor compromiso y motivación entre los empleados, lo que a su vez se traduce en un crecimiento significativo para la empresa en su conjunto.

La claridad de los objetivos nos ayuda a enfocarnos en lo que realmente importa. Nos permite priorizar nuestras tareas y completarlas de manera eficiente y en el orden que más convenga. Esta habilidad para establecer prioridades refleja nuestra capacidad para planificar y mantenernos concentrados en nuestros objetivos futuros, lo que nos hace más preparados para enfrentar los desafíos que puedan surgir en el camino.

Además, el establecimiento de metas mejora nuestras habilidades de toma de decisiones al proporcionarnos un marco de referencia para evaluar nuestras opciones. Cada decisión que tomamos se basa en cómo nos acerca o nos aleja de nuestros objetivos. Esta mentalidad de toma de decisiones centrada en los objetivos no solo es beneficiosa a nivel individual, sino que también se aplica a nivel organizacional, donde cada decisión se toma teniendo en cuenta su impacto en el negocio.

¿Cómo fijar metas?

Establecer metas y cumplir con los plazos puede generar cierta presión, especialmente cuando hay otros implicados que dependen de nuestro trabajo o cuando tenemos un superior supervisando nuestro progreso. Sin embargo, aprender a fijar metas específicas y alcanzables pasa a ser fundamental para afrontar con éxito los desafíos que se nos presentan.

Para esto utilizaremos la metodología SMART, que son aquellas definidas con las siguientes características: específicas, medibles, alcanzables, relevantes y están definidas en el tiempo. Siguiendo este enfoque, podemos crear objetivos claros y definir los pasos necesarios para alcanzarlos, lo que nos ayuda a mantenernos enfocados y motivados.

El primer paso para es hacerla lo más específica posible. Esto implica definir claramente qué queremos lograr y cómo lo vamos a hacer. Por ejemplo, en lugar de simplemente decir "quiero mejorar en mi trabajo", podríamos establecer como objetivo "aumentar mi productividad en un 20% durante el próximo trimestre mediante la implementación de nuevas estrategias de gestión del tiempo".

La parte de medición de esta meta nos insta a encontrar formas de evaluar nuestro progreso hacia el logro de la meta. Esto implica establecer indicadores claros que nos permitan saber si estamos avanzando en la dirección correcta. Por ejemplo, podríamos llevar un registro del tiempo que dedicamos a tareas específicas o del número de proyectos completados cada semana.

La idea de que una meta sea alcanzable significa que debemos asegurarnos de contar con los recursos necesarios para lograrla. Esto puede implicar identificar qué habilidades o conocimientos adicionales necesitamos adquirir, así como buscar el apoyo de colegas o superiores. Es importante ser realistas en cuanto a lo que podemos lograr y no establecer metas que estén fuera de nuestro alcance. O sea, no fijarnos en imposibles.

Otro aspecto clave de una meta SMART es su relevancia. Esto significa que la meta debe estar directamente relacionada con nuestros objetivos generales y contribuir de manera significativa a su consecución. Cada acción que emprendamos debe acercarnos un paso más hacia el logro de nuestra meta final. Por ser relevante nos va a generar interés.

Finalmente, estas metas deben estar definidas en el tiempo, es decir, debe tener una fecha límite clara. Esto nos ayuda a mantenernos enfocados y nos proporciona un sentido de urgencia para trabajar hacia nuestro objetivo. Es importante establecer un cronograma realista que nos permita alcanzar nuestros hitos de manera constante y sin presiones innecesarias.

Sustitución y creación de hábitos

En el recorrido a través del desarrollo personal, la contienda entre hábitos constructivos y destructivos es una constante, a menudo presentando retos significativos. A diario, nos enfrentamos a decisiones que modelan nuestra existencia, ya sea abrazando un hábito positivo o luchando por liberarnos de uno negativo. Este contenido se introduce en la dinámica de cultivar hábitos saludables y dejar atrás aquellos que nos limitan, destacando cómo estas rutinas influyen en nuestro bienestar y en el camino hacia la superación personal.

Los hábitos se forjan mediante un ciclo repetitivo que comienza con una señal o estímulo, seguido por una conducta específica en respuesta a esta señal, y culmina con una recompensa. Este proceso, conocido como el ciclo de hábito, está respaldado por cambios neurológicos que hacen que la conducta se vuelva más automática con cada repetición. Con el tiempo, estos hábitos se arraigan en nuestra vida cotidiana, moldeados por las señales que nos rodean. Comprender este proceso nos capacita para desarrollar hábitos positivos de manera intencional y deshacernos de los no deseados al modificar la señal, la rutina o la recompensa asociada.

Los hábitos positivos suelen tener un impacto beneficioso en nuestra salud física, mental y emocional. No solo fomentan el bienestar general, sino que también impulsan nuestro crecimiento personal. Por ejemplo, mantener una rutina de ejercicio regular y una alimentación balanceada contribuye significativamente a nuestra salud física, al tiempo que reduce el estrés y mejora nuestro estado de ánimo.

Por el contrario, los hábitos perjudiciales suelen acarrear consecuencias negativas para nuestro bienestar. Pueden afectar nuestra salud física, aumentar el estrés y obstaculizar nuestro crecimiento personal. Por ejemplo, el consumo de tabaco y alcohol en exceso puede tener efectos nocivos en nuestra salud física y mental, mientras que la falta de descanso adecuado debido al exceso de trabajo puede impactar negativamente nuestra calidad de vida.

Los hábitos positivos suelen ofrecer beneficios a largo plazo, requiriendo a menudo paciencia y perseverancia antes de que podamos percibir resultados significativos. Por ejemplo, el hábito de ahorrar dinero regularmente puede no proporcionar gratificación instantánea, pero nos prepara para la seguridad financiera en el futuro.

En contraste, los hábitos perjudiciales tienden a brindar gratificación a corto plazo a expensas de nuestro bienestar a largo plazo. Actividades como el consumo excesivo de alimentos poco saludables o el sedentarismo pueden generar placer inmediato, pero sus consecuencias negativas se manifiestan con el tiempo.

El desarrollo y mantenimiento de hábitos positivos en el entorno laboral a menudo requiere autodisciplina y autocontrol. Necesitamos tomar decisiones conscientes y adherirnos a nuestras rutinas incluso cuando enfrentemos desafíos. Por ejemplo, comprometernos a levantarnos temprano para hacer ejercicio regularmente demanda disciplina y compromiso.

Por otro lado, los hábitos perjudiciales suelen caracterizarse por la impulsividad, actuando sin considerar adecuadamente las consecuencias. Por ejemplo, ceder a los antojos de alimentos poco saludables de manera impulsiva puede llevarnos a comprometer nuestra salud a largo plazo.

El ciclo de reemplazo de hábitos

La construcción de hábitos beneficiosos para el aprendizaje se basa en tres pilares fundamentales: la atención, la concentración y la repetición deliberada. Al enfocarse en mejorar estos patrones, uno puede evaluar su comportamiento, identificar áreas de mejora y sustituir comportamientos poco productivos por otros más deseables. Por ejemplo, en lugar de posponer tareas importantes, falta de concentración o desmotivación, se pueden adoptar intencionalmente hábitos más constructivos.

La investigación respalda la idea de que los malos hábitos se eliminan de manera más efectiva cuando se reemplazan por nuevos hábitos de aprendizaje. Esto significa que podemos desarrollar y seguir un plan que promueva, nuestro bienestar general y nuestra sensación de logro al reemplazar hábitos no deseados con otros más positivos.

La formación de hábitos implica la repetición de comportamientos hasta que se vuelven automáticos. Por ejemplo, si al despertar instintivamente buscas un cigarrillo, esto indica un hábito perjudicial para tu salud, mientras que si te sientes inclinado a salir a correr al despertar, eso indica un buen hábito.

Cambiar hábitos viejos y formar nuevos no es fácil, debido a que están arraigados en nuestras vías neuronales. Sin embargo, el ciclo de reemplazo de hábitos (CRH) ofrece una solución. Este ciclo implica reemplazar conscientemente un hábito por otro a través de la repetición, lo que forma una nueva respuesta automática.

Los hábitos de aprendizaje afectan directamente nuestros resultados personales. Estos patrones pueden remontarse a nuestros años de formación, pero pueden cambiarse conscientemente utilizando el CRH. Por ejemplo, si deseas reducir el estrés, puedes reemplazar conscientemente los sentimientos de ansiedad con un sentido de logro al aprender algo nuevo.

El CRH también puede aplicarse a través de técnicas de terapia cognitivo-conductual (TCC). Esta terapia puede ser útil para cambiar hábitos como morderse las uñas, chuparse el dedo o enfrentar trastornos de estrés. Una vez identificados los hábitos a cambiar, se pueden reemplazar conscientemente a través del CRH.

Reforzar hábitos positivos, como el ejercicio regular, puede tener beneficios tanto físicos como mentales. Esta práctica incorpora el uso de TCC para establecer patrones de aprendizaje más saludables. Es esencial que el individuo tenga un fuerte deseo de cambiar el hábito, ya que esto aumenta la probabilidad de éxito en el reemplazo.

Despierta la vida que siempre has deseado

Para cerrar este capítulo quiero que analicemos algo, imagina lo que podrías lograr si alinearas tus pensamientos y emociones con tus deseos. No se trata solo de pensar en positivo, sino de sentir profundamente cada uno de tus sueños como si ya fueran realidad. Cada momento que vives es una oportunidad para dar un paso más hacia la vida que siempre has deseado.

Visualizar tus sueños no es suficiente para hacerlos realidad. Necesitas sentirlos en lo más profundo de tu ser y encarnar la energía de la vida que deseas vivir. Si buscas abundancia, empieza por sentir esa abundancia ahora mismo. Si lo que deseas es amor, permítete sentir el amor en este instante. Y si tu objetivo es el éxito, adopta una mentalidad de éxito hoy.

Cuando te alineas consistentemente con estos sentimientos, experimentas una transformación profunda. Te vuelves más positivo, más seguro y más lleno de vida. Las oportunidades comenzarán a llegar a ti, como si fueran atraídas por la nueva energía que emanas. Ahora veamos, todos aquellos aspectos que tenemos a nuestro favor y como implementarlos de manera efectiva en nuestras existencias.

La ley de la atracción en acción

Podría parecer que estas oportunidades y coincidencias surgen de la nada, pero esto es, de hecho, la ley de la atracción en acción. Cuando te sintonizas con tus deseos y alineas tus sentimientos con ellos, el universo responde de la misma manera. Las experiencias que coinciden con tu energía positiva comienzan a manifestarse en tu vida.

Esto no es magia; es un cambio en tu percepción y, como resultado, un cambio en tu realidad. La clave es mantener una conexión constante con esos sentimientos positivos para que las transformaciones sean duraderas y profundas.

Algunas personas creen que una vez que se alinean con sus deseos, no necesitan hacer nada más, pero esto es un malentendido. La acción es crucial, pero no cualquier tipo de acción. Se trata de tomar acciones inspiradas, aquellas que surgen cuando te sientes alineado con tu propósito.

Estas acciones no se sienten forzadas ni son producto de la ansiedad o el miedo. Son los pasos naturales que das cuando sabes que tus sueños ya son tuyos. Al actuar desde un lugar de abundancia y confianza, los resultados que obtienes serán más satisfactorios y estarán en completa armonía con tus metas.

Confía en tu intuición

La intuición es tu brújula interna que te guía hacia tus deseos. Cuando sientas un impulso o una idea que te emocione, síguelo. Este es el tipo de acción que está alineada con tu propósito y tus metas. A veces, esto significa acercarte a personas nuevas, probar cosas diferentes o aprovechar una oportunidad inesperada.

La intuición rara vez se equivoca cuando estás en sintonía con tus deseos. Confía en esos sentimientos internos, ya que son señales de que estás en el camino correcto y de que el universo está colaborando contigo.

Esta cualidad debe ir respaldada por la paciencia; ya que en una sociedad que valora la gratificación instantánea, es fácil desanimarse cuando los resultados no se manifiestan de inmediato, algo que podría afectar el aporte de nuestra intuición. Sin embargo se ha de considerar de forma seria, que el verdadero cambio toma tiempo. Tus pensamientos y creencias necesitan asentarse antes de que veas los resultados externos. Durante este tiempo de espera, es crucial mantener tu enfoque positivo y seguir sintiendo como si tus deseos ya fueran una realidad.

Confía en que el universo está trabajando a tu favor, incluso si no puedes ver todos los detalles de inmediato. La paciencia no solo es una virtud, sino una práctica activa de confianza en el proceso.

Elige la felicidad en el presente

La felicidad no debe ser un objetivo que alcances en el futuro; es una elección que puedes hacer ahora mismo. Pensar "seré feliz cuando..." solo retrasa tu bienestar y te desvía de tus deseos. Al elegir ser feliz en el presente, te alineas con experiencias que traerán aún más felicidad a tu vida.

Disfruta del proceso, celebra cada pequeño logro y encuentra alegría en los pequeños momentos cotidianos. Este estado de felicidad presente no solo te hace sentir mejor, sino que también te convierte en un imán para más cosas buenas.

También hay que considerar que los contratiempos son inevitables en cualquier viaje de crecimiento. Pueden surgir viejos patrones de pensamiento o desafíos que pongan a prueba tu fe. Sin embargo, en lugar de ver estos obstáculos como fracasos, considéralos oportunidades para aplicar lo que estás aprendiendo.

Cada reto es una oportunidad para reforzar tu compromiso con tus metas y para demostrarte a ti mismo que puedes superar cualquier obstáculo. Al celebrar tu capacidad de ser consciente de los pensamientos negativos y redirigirlos, fortaleces tu poder interior y aceleras tu camino hacia el éxito.

Diseña un entorno positivo

Tu entorno físico y social tiene un impacto significativo en tu capacidad para alcanzar tus metas. Rodearte de personas que apoyen tu crecimiento y compartir tu visión con ellos es esencial. Además, presta atención a los medios que consumes y asegúrate de que te inspiren y eleven.

Un espacio de vida limpio y organizado también puede influir positivamente en tu estado de ánimo y claridad mental. Si descubres que ciertas personas o situaciones no están alineadas con tus metas, no temas hacer cambios. Crear un entorno que refleje la vida que deseas es fundamental para manifestar tus sueños.

A lo largo de este camino, es posible que algunas personas no comprendan o apoyen tu nuevo enfoque de vida. Eso está bien. No necesitas la aprobación de nadie para cambiar y mejorar tu vida. Este es tu viaje, y tú eres el único responsable de tus decisiones y tu felicidad. Confía en ti mismo y en el proceso.

A medida que te transformas, atraerás a personas que comparten tus valores y visión. Encontrarás inspiración en nuevas amistades y conexiones que fortalecerán tu camino y te animarán a seguir adelante.

El poder transformador de la gratitud

La gratitud es una de las herramientas más efectivas para cambiar tu energía y atraer tus deseos. Al centrarte en lo que tienes en lugar de en lo que te falta, cultivas un estado de abundancia.

Empieza cada día enumerando tres cosas por las que estás agradecido, sintiendo realmente esa gratitud en tu corazón. A medida que practiques la gratitud, notarás más y más razones para estar agradecido. Te volverás más consciente de la belleza y las oportunidades que te rodean, fortaleciendo aún más tu capacidad de atraer lo que deseas.

Debes tener claro que el diálogo interno influye enormemente en tus creencias y en cómo te sientes contigo mismo. ¿Te hablas con amor y compasión o te criticas constantemente? Cambia el tono de tu conversación interna. Anímate y apóyate como lo harías con un amigo cercano.

Celebra tus éxitos y perdónate por tus errores. Habla de ti mismo y de tu vida como si ya hubieras alcanzado tus metas. Este cambio en el diálogo interno no solo te hará sentir mejor, sino que también influirá en cómo te perciben los demás y en las oportunidades que atraes.

Transforma tus pensamientos en realidad

Tus pensamientos son poderosos y pueden dar forma a tu realidad. En lugar de pensar en lo que esperas lograr, afirma que ya lo has logrado. Este pequeño cambio en la forma en que te hablas a ti mismo puede tener un gran impacto en cómo te sientes y en cómo actúas.

Tu subconsciente tomará estas afirmaciones como verdades y comenzará a trabajar para hacerlas realidad. Recuerda, no eres tus pensamientos; eres el observador y el creador de ellos. Tienes el poder de elegir en qué crees y cómo actúas.

A medida que sigas este camino, notarás que suceden más sincronicidades, esos momentos perfectos en los que todo parece alinearse. Estas experiencias son señales de que estás en el flujo correcto de la vida. Cada sincronicidad es una confirmación de que estás en el camino correcto y de que el universo está trabajando a tu favor.

Acepta estas señales con gratitud y confía en que más de ellas vendrán. Mantén una mente abierta y espera lo inesperado, sabiendo que cada momento te acerca más a tus sueños.

Ábrete a los milagros y a los cambios cuánticos

No subestimes la capacidad de tu vida para cambiar de manera radical y repentina. Los cambios cuánticos, esos giros inesperados que transforman tu realidad de la noche a la mañana, son posibles. Mantén tu mente abierta a la posibilidad de que sucedan cosas increíbles.

Cuando alineas tu energía interior con tus deseos, creas las condiciones para que estos milagros ocurran. Confía en que la vida siempre está conspirando para tu beneficio, incluso si no puedes ver cómo en este momento.

Este viaje no se trata solo de conseguir cosas o alcanzar metas; se trata de convertirte en quien realmente eres. Se trata de alinear tu vida con tu esencia más elevada y experimentar la alegría, el amor y la abundancia que son tu derecho de nacimiento. Eres un creador poderoso con talentos únicos que nadie más posee.

El mundo necesita lo que solo tú puedes ofrecer, así que permite que tu luz brille. En lugar de esforzarte y luchar, relájate y confía en que lo que deseas ya es tuyo. Vive desde ese lugar de certeza y observa cómo tu vida se transforma de maneras maravillosas e inesperadas.

Este es tu momento para brillar

Este es tu momento para reclamar la vida que siempre has soñado. Todo lo que has deseado está al alcance de tu mano, solo tienes que alinearte con ello y abrirte a recibirlo. Eres más poderoso de lo que imaginas y estás destinado a vivir una vida plena y satisfactoria. Avanza con confianza y alegría, sabiendo que el universo está a tu favor.

Cada paso que tomas, cada pensamiento positivo, cada acción inspirada te acerca más a la vida que siempre has deseado. Confía en ti mismo, en el proceso y en el apoyo universal que te rodea. Tu momento es ahora; abraza esta verdad y permite que tu verdadero ser se manifieste en toda su grandeza.

Recuerda, no estás solo en este viaje. El universo está constantemente apoyándote, guiándote y animándote a medida que te diriges hacia una vida de abundancia y alegría. Confía en que todo está sucediendo para tu bien mayor, y sigue adelante con la certeza de que estás en el camino correcto. Este es tu momento para vivir la vida que siempre has deseado, y ya es hora de que lo hagas realidad.

Capítulo 12: Autodisciplina con estoicismo

"Cuanto más grande es la dificultad, más gloria hay en superarla".

Epicuro

La autodisciplina, ese arte de domar nuestras inclinaciones más inmediatas en pos de objetivos a largo plazo, es una virtud que ha sido venerada a lo largo de la historia como la llave maestra hacia el éxito y la realización personal. En la búsqueda de alcanzar nuestros sueños y metas, encontramos en la autodisciplina un aliado indispensable, y qué mejor compañero de viaje que el estoicismo, una filosofía milenaria que nos enseña a enfrentar los desafíos de la vida con serenidad y fortaleza interior.

En este capítulo, nos adentraremos en la sinergia entre la autodisciplina y el estoicismo, explorando cómo estas dos fuerzas pueden colaborar para forjar un carácter robusto y una vida plena. Desde los antiguos sabios estoicos hasta las enseñanzas contemporáneas sobre desarrollo personal, descubriremos las herramientas y estrategias que nos permiten cultivar la autodisciplina a la luz de los principios estoicos.

El viaje hacia la autodisciplina comienza con el autoconocimiento, un factor fundamental en la filosofía estoica. Conocer nuestras propias debilidades y fortalezas nos brinda la base para identificar áreas de mejora y establecer metas realistas. Los estoicos nos instan a examinar nuestras acciones y deseos con honestidad, reconociendo que solo al enfrentar nuestras limitaciones podemos superarlas.

Una vez que hemos identificado nuestros objetivos, el siguiente paso es comprometernos con su consecución a través de la autodisciplina. Aquí es donde entra en juego el poder de la fuerza de voluntad, esa capacidad de resistir la tentación y mantener el rumbo incluso en los momentos de mayor adversidad. Los estoicos nos recuerdan que la autodisciplina no se trata simplemente de renunciar a los placeres momentáneos, sino de alinear nuestras acciones con nuestros valores más profundos, manteniendo siempre en mente el bien mayor que perseguimos.

En el corazón de esta estrategia yace el concepto de dominio propio, la habilidad de controlar nuestras emociones y deseos en lugar de ser controlados por ellos. A través de prácticas como la atención plena y la visualización de obstáculos futuros, podemos prepararnos para enfrentar las tentaciones y contratiempos con calma y determinación. Los estoicos nos enseñan a encontrar la paz interior incluso en medio de la tormenta, recordándonos que el verdadero poder reside en nuestra capacidad para mantenernos firmes ante las vicisitudes de la vida.

Pero la autodisciplina va más allá de simplemente resistir la tentación; también implica cultivar hábitos positivos y constructivos que nos acerquen a nuestros objetivos. Siguiendo el ejemplo de esta filosofía, podemos incorporar rutinas diarias de automejora, desde la práctica de la gratitud hasta el ejercicio físico regular, que fortalezcan nuestra voluntad y nos impulsen hacia adelante en nuestro camino hacia la excelencia.

Sin embargo, la autodisciplina no es una virtud estática; es un músculo que debe ser ejercitado y fortalecido constantemente. En momentos de debilidad o desánimo, es importante recordar el poder transformador de la perseverancia y la resiliencia. Los estoicos nos enseñan a ver los reveses como oportunidades para crecer y aprender, recordándonos que el verdadero fracaso radica en no intentarlo en absoluto.

En este apartado, exploraremos cómo la autodisciplina y el estoicismo pueden ser aliados poderosos en nuestro viaje hacia una vida de propósito y significado. A través de la práctica constante de la autoexaminación, el dominio propio y la perseverancia, podemos cultivar una fuerza interior que nos permita enfrentar los desafíos con coraje y serenidad. En última instancia, la autodisciplina con estoicismo nos brinda la llave para desbloquear nuestro potencial más elevado y vivir con integridad y plenitud.

Principios de autodisciplina

La sabiduría atemporal del estoicismo, encarnada en las enseñanzas de figuras emblemáticas como Marco Aurelio, sigue siendo una fuente invaluable de orientación para aquellos que buscan cultivar la autodisciplina y superar los obstáculos en la vida moderna. Marco Aurelio, emperador romano del siglo II d.C., legó al mundo su sabiduría a través de su obra "Meditaciones", un testimonio de sus reflexiones filosóficas y su búsqueda de la autodisciplina en medio de las adversidades de su tiempo.

Hoy en día, la relevancia de estas lecciones trasciende los siglos, ofreciendo un rayo de luz para aquellos que buscan fortalecer su autodisciplina y vivir una vida más plena y significativa. En lugar de sucumbir a las emociones destructivas, el enfoque estoico aboga por el dominio de uno mismo, la razón y la atención plena como vías hacia la resiliencia y la superación de los desafíos cotidianos.

El legado de Marco Aurelio nos enseña que la autodisciplina es un componente fundamental para alcanzar la virtud y vivir de acuerdo con la razón. En un mundo marcado por la distracción y la impulsividad, cultivar la capacidad de controlar nuestros impulsos y dirigir nuestros esfuerzos hacia metas significativas se convierte en un acto de resistencia contra el caos interno y externo.

En lugar de reaccionar de manera automática a las impresiones iniciales, la autodisciplina nos permite detenernos y reflexionar sobre la mejor acción a tomar. Al examinar nuestros juicios y actuar con deliberación en lugar de dejarnos llevar por nuestras emociones, podemos tomar decisiones más informadas y alineadas con nuestros valores y objetivos a largo plazo.

Esta característica humana también nos capacita para identificar y priorizar lo que realmente importa en nuestras vidas. Al liberarnos de la esclavitud de las preocupaciones triviales y las ansiedades superfluas, podemos enfocar nuestra energía en actividades que nos nutren y nos acercan a nuestros propósitos más elevados. Como este emperador, podemos recordarnos a nosotros mismos el verdadero propósito de nuestras acciones y esforzarnos por vivir con integridad y justicia en todas las circunstancias.

En un mundo que constantemente nos llena de distracciones y tentaciones, la autodisciplina se convierte en un escudo protector que nos permite mantenernos firmes en nuestros valores y objetivos. Al desarrollar estos hábitos en nuestra vida diaria, fortalecemos nuestra capacidad para resistir las adversidades y perseverar en la búsqueda de nuestros sueños más profundos.

La resiliencia, alimentada por la autodisciplina, nos permite enfrentar los desafíos con coraje y determinación, en lugar de sucumbir al desaliento y la desesperación. Como el acero forjado en el fuego, nuestras experiencias de superación nos moldean y nos fortalecen, preparándonos para enfrentar futuros desafíos con mayor confianza y determinación.

Esta práctica, hecha de manera constante nos lleva por el camino de la autorrealización y la plenitud personal. Al comprometernos a superar nuestras propias limitaciones y debilidades, cultivamos una sensación de empoderamiento y satisfacción que trasciende cualquier adversidad externa que podamos enfrentar.

Los filósofos estoicos, como Marco Aurelio, abogaban por la importancia de vivir en el momento presente como una forma de cultivar la autodisciplina y superar los obstáculos en la vida. Para él, la atención plena en el presente era crucial para mantenerse centrado en las acciones virtuosas y evitar las distracciones que podrían socavar nuestra disciplina.

En lugar de aceptar ciegamente nuestras primeras impresiones y juicios sobre las cosas, Marco Aurelio nos insta a examinarlos críticamente antes de actuar. Este enfoque nos permite evaluar si nuestras reacciones son racionales y alineadas con nuestros valores, en lugar de dejarnos llevar por emociones precipitadas que pueden socavar nuestra autodisciplina.

Otro aspecto esencial de la autodisciplina estoica es la aceptación del destino y la realidad inevitable de ciertas circunstancias. Marco Aurelio nos recuerda que luchar contra lo inevitable solo agota nuestra fuerza de voluntad, mientras que aceptar lo que no podemos cambiar nos permite conservar nuestra energía para abordar lo que sí está bajo nuestro control. Quejarse de las adversidades o desgracias, en opinión de Marco Aurelio, es tanto indisciplinado como improductivo.

El objetivo final de la autodisciplina estoica es vivir una vida virtuosa basada en pensamientos y acciones alineados con nuestros valores más profundos. Marco Aurelio nos insta a dejar de lado las discusiones abstractas sobre lo que constituye un buen carácter y, en cambio, nos anima a dedicarnos activamente a ser personas virtuosas en nuestra vida cotidiana. Al centrarnos en cultivar la sabiduría, la justicia, el coraje y la moderación en nuestras acciones diarias, fortalecemos nuestra autodisciplina y formamos hábitos que nos acercan cada vez más a nuestros ideales virtuosos.

Enfoque en lo interno

Es innegable que los seres humanos tendemos a buscar el control. Nos brinda una sensación de certidumbre, de confort y de previsibilidad en un mundo muchas veces caótico. El anhelo por el control surge como un refugio ante la incertidumbre. No obstante, en ocasiones este deseo puede extenderse más allá de lo razonable, alcanzando aspectos que escapan por completo a nuestro influjo, lo cual puede generar frustración y estrés. La clave reside en dirigir esa necesidad de control hacia áreas efectivamente alcanzables: nuestras acciones, comportamientos y actitudes.

Reconocer y aceptar aquello que sí podemos controlar constituye un primer paso fundamental hacia el crecimiento personal, la resiliencia y la satisfacción. Pero, ¿cómo logramos direccionar de manera efectiva esa necesidad innata de control? Aquí te presento tres pasos prácticos.

En primer lugar, resulta imperativo distinguir entre aquello que podemos controlar y aquello que escapa a nuestro dominio. Esta distinción, en apariencia sencilla, puede tornarse borrosa en nuestra vida cotidiana. Te sugiero comenzar por hacer una lista de las áreas que te generan preocupación. Luego, divide esas áreas en dos categorías: aquellas sobre las cuales tienes control y aquellas sobre las cuales no tienes influencia alguna.

Este ejercicio te brindará claridad y te ayudará a discernir entre los factores que puedes gestionar y aquellos que están más allá de tu alcance. Al reconocer esos elementos que escapan a tu control, podrás ahorrar energía y reducir el estrés. De esta manera, podrás concentrarte en aspectos que sí puedes abordar, lo cual propicia un pensamiento productivo orientado hacia la resolución de problemas.

Una vez identificadas las áreas sobre las cuales puedes ejercer control, el siguiente paso consiste en desplazar conscientemente tu atención hacia ellas. Este cambio requiere una transformación tanto en tu mentalidad como en tu actitud.

Cuando te enfrentes a una situación desafiante, en lugar de insistir en aquello que escapa a tu control, pregúntate: "¿Qué acciones puedo emprender al respecto?" Focalízate en buscar soluciones viables. Este cambio de enfoque no implica ignorar los elementos incontrolables; más bien, implica reconocerlos y luego concentrarte en tu respuesta y tus acciones.

La corriente filosófica del estoicismo, ofrece valiosas lecciones cuando se trata de entender el concepto de control. Enseña a discernir entre lo que podemos influir y lo que está más allá de nuestro alcance, y nos insta a concentrar nuestras energías en lo primero.

Los pensadores estoicos, entre ellos Séneca, Epicteto y Marco Aurelio, reconocían que la mayoría de las circunstancias externas, como las acciones de otras personas, nuestra reputación y el devenir de la naturaleza, escapan a nuestro dominio.

Adoptar esta filosofía nos brinda la oportunidad de hallar serenidad al aceptar aquellas realidades que no podemos modificar, lo cual a su vez nos libera del estrés y la ansiedad que suelen acompañarlas. Esto nos capacita para enfocar nuestras energías en aquello que sí podemos controlar: nuestras acciones, pensamientos, valores y reacciones.

Asimismo, el estoicismo nos invita a reconocer que también tenemos influencia sobre nuestras percepciones. En lugar de ver los obstáculos como meros contratiempos, podemos optar por interpretarlos como oportunidades para crecer y aprender. Este cambio de perspectiva transforma la narrativa de ser víctimas de las circunstancias en la de ser participantes activos, capaces de aprovechar la situación en nuestro beneficio.

En el contexto de nuestra vida contemporánea, la filosofía estoica surge como una herramienta invaluable para enfrentar los numerosos desafíos que se nos presentan. No se trata de adoptar una postura pasiva o indiferente, sino más bien de dirigir nuestras energías hacia aquellos aspectos en los que podamos ejercer un verdadero impacto: nuestro propio ámbito de influencia. De esta manera, el estoicismo nos capacita para vivir con autenticidad, sabiduría, integridad y paz interior.

Aceptación del dolor y la adversidad

El líder romano Marco Aurelio enfrentó grandes retos físicos y de salud que pusieron a prueba su resiliencia y determinación. Antes de ascender al trono, él ya estaba lidiando con problemas de salud, compartiendo sus dificultades con su tutor Marco Cornelio Fronto. Se sabe que padecía dolencias en el pecho y problemas estomacales, lo que lo llevaba a tener una alimentación limitada y a recurrir a remedios tradicionales como el theriac, que contenía opio, para aliviar sus molestias.

Su condición empeoró cuando se vio obligado a dejar Roma para liderar las legiones en la Alta Panonia, lo que lo expuso a un clima frío que agravaba sus síntomas. Su dificultad para conciliar el sueño y otros síntomas persistieron a lo largo de los años, como lo reflejan sus escritos en Las Meditaciones, donde agradece a los dioses por remedios contra la escupida de sangre y los mareos, indicativos posiblemente de problemas de salud adicionales como úlceras estomacales.

Se sugiere que su dedicación al estudio, particularmente del derecho, la retórica y la filosofía, contribuyó a su fragilidad física según la Historia Augusta y Cassius Dio. Sin embargo, más allá de sus desafíos físicos, Marco Aurelio se destacó por su capacidad para enfrentar el dolor y la adversidad con una mentalidad estoica.

Aunque este personaje no ofrece un manual explícito sobre sus prácticas estoicas, podemos reconstruir su enfoque a partir de sus escritos dispersos. Una de las estrategias clave que él empleó fue la aceptación del dolor y las circunstancias adversas. En lugar de resistirse o lamentarse por su situación, adoptaba una actitud de resignación serena, reconociendo que el dolor era parte inevitable de la vida. Esta actitud refleja la enseñanza estoica de enfocarse en lo que uno puede controlar y aceptar lo que no se puede cambiar.

Otra técnica que practicaba era el análisis racional de sus pensamientos y emociones. En lugar de dejarse llevar por el sufrimiento, se esforzaba por examinar objetivamente sus pensamientos y reacciones, cuestionando creencias irracionales y buscando una perspectiva más equilibrada. Esta aproximación guarda similitud con las técnicas de la terapia cognitivo-conductual, que buscan identificar y desafiar patrones de pensamiento negativos.

Además, Marco Aurelio encontraba consuelo en la naturaleza y en el presente momento. Pasaba tiempo reflexionando en la belleza del mundo natural y en la fugacidad de la vida, lo que le ayudaba a mantener una visión más amplia y trascendente de sus problemas. Esta práctica, similar al mindfulness moderno, le permitía encontrar paz interior y fortaleza en medio de la adversidad.

La práctica de la virtud también era fundamental para él en su búsqueda de superación. Creía que cultivar cualidades como la sabiduría, la valentía y la moderación era esencial para enfrentar los desafíos de la vida con integridad y fortaleza. Esta búsqueda de la virtud le proporcionaba un sentido de propósito y significado, incluso en medio del sufrimiento.

Expertos en psicoterapia cognitivo, han observado cómo estas estrategias estoicas pueden ser aplicadas en la vida diaria para cultivar la resiliencia y superar obstáculos. Animando a sus pacientes a practicar la aceptación del dolor, el análisis racional de sus pensamientos y emociones, la conexión con la naturaleza y el presente, y la búsqueda activa de la virtud como medios para enfrentar los retos con determinación y serenidad.

El enfoque estoico hacia la adversidad y el dolor, ilustrado por figuras como el conde de Shaftesbury y Marcus Aurelius, resalta un principio fundamental: no son las circunstancias externas las que nos causan sufrimiento, sino nuestros juicios y reacciones hacia ellas. Este precepto, conocido como el "precepto soberano" del estoicismo, enfatiza que nuestras sensaciones, ya sean dolorosas o placenteras, son inherentemente neutrales en términos morales.

La idea de que el dolor es simplemente una "sensación áspera" en el cuerpo, como lo expresaba Marcus Aurelius, nos insta a reconsiderar nuestra relación con el sufrimiento. En lugar de atribuirle un valor intrínseco negativo, los estoicos nos invitan a aceptar las sensaciones desagradables como parte natural de la experiencia humana. Este enfoque se asemeja a lo que en la terapia cognitiva moderna se conoce como "distanciamiento cognitivo", una estrategia que busca separar nuestras emociones de los eventos que las desencadenan.

La práctica de suspender los juicios de valor sobre el dolor y otras sensaciones corporales permite a los estoicos reducir el sufrimiento emocional asociado con ellas. Al adoptar una actitud de aceptación serena, podemos enfrentar las dificultades con mayor claridad y fortaleza. Esta perspectiva, centrada en el presente y en la aceptación de lo que está fuera de nuestro control, nos ayuda a cultivar la resiliencia ante la adversidad.

La paradoja estoica de que nuestras reacciones emocionales pueden causarnos más daño que las propias circunstancias adversas resuena con la noción moderna de que nuestra actitud hacia el sufrimiento puede determinar su impacto en nuestras vidas. Al permitirnos adentrarnos en el sufrimiento o sentirnos enojados y frustrados por él, nos alejamos del camino de la razón y la virtud estoica hacia uno de sufrimiento emocional prolongado.

Una técnica valiosa sugerida por los estoicos y que encuentra eco en la terapia moderna es la visualización de las consecuencias a largo plazo de nuestras reacciones emocionales ante la adversidad. Al imaginar dos posibles futuros: uno marcado por la pasión y el sufrimiento, y otro caracterizado por la razón y la virtud, podemos encontrar la motivación necesaria para elegir el camino que nos lleve hacia una vida más plena y significativa.

En última instancia, la filosofía estoica nos recuerda que la resiliencia no se trata simplemente de soportar el dolor, sino de transformarlo en una oportunidad para el crecimiento y el desarrollo personal. Al adoptar una actitud de aceptación y discernimiento, podemos cultivar la fortaleza interior necesaria para enfrentar los desafíos de la vida con coraje y sabiduría.

¿Es acaso el fin del mundo cuando nos encontramos molestos? En ocasiones, nuestra tendencia a magnificar los eventos puede hacernos percibirlos como más dañinos o amenazantes de lo que realmente son. Este proceso, que los terapeutas cognitivos denominan "catastrofización", es objeto de reflexión por parte de esta filosofía, quienes invitan a cuestionar la verdadera gravedad del dolor al considerar si hemos enfrentado situaciones aún más desafiantes en el pasado. Esta perspectiva relativa puede ayudarnos a contextualizar nuestras experiencias y a percibir el malestar como algo más manejable.

Una estrategia complementaria, utilizada por algunos especialistas de la psiquiatría, consiste en desglosar la experiencia dolorosa en partes más pequeñas y abordables. Al dividir el desafío en segmentos más manejables, podemos enfrentarlo paso a paso, utilizando el principio de "divide y vencerás" para superar el sufrimiento. En este sentido, centrarnos en el presente y en la transitoriedad de nuestras sensaciones puede resultar esencial. Al recordarnos que el dolor eventualmente cederá o fluctuará con el tiempo, podemos reducir su impacto y avanzar con determinación.

Marcus Aurelius hace referencia en varias ocasiones al dicho epicúreo de que el dolor puede ser agudo pero breve, o crónico pero menos intenso. Esta noción nos recuerda que, aunque el dolor puede resultar significativo en el momento presente, es fundamental reconocer su carácter temporal y la posibilidad de que haya sufrimientos aún mayores. Este enfoque nos capacita para resistir el embate del dolor con fortaleza y sabiduría, reconociendo que, en última instancia, no es insuperable.

La aceptación activa de las sensaciones desagradables, incluido el dolor físico, es un principio central tanto en la filosofía estoica como en los enfoques contemporáneos de la terapia psicológica basados en la evidencia. En lugar de intentar controlar, evitar o reprimir el dolor, aprender a aceptarlo puede ser el primer paso hacia su mitigación. Los estoicos comparaban las sensaciones dolorosas con perros salvajes que nos persiguen: cuanto más intentamos huir de ellas, más persistente se vuelven. Sin embargo, al enfrentarlas con valentía y calma, podemos disminuir su intensidad y hacerlas más manejables con el tiempo.

Dio Crisóstomo, influenciado por las enseñanzas estoicas, compara la aceptación del dolor con la habilidad de un boxeador para resistir los golpes. Aquel que enfrenta los golpes con indiferencia relativa, está mejor preparado para superarlos que aquel que los esquiva nerviosamente. Del mismo modo, la metáfora del fuego nos recuerda que, al apagar el dolor con confianza y determinación, tenemos más probabilidades de evitar que nos consuma.

Cómo ser mentalmente fuerte con el estoicismo

En una era llena de obstáculos y situaciones inciertas, desarrollar la capacidad de adaptación mental se convierte en una herramienta esencial para superar los retos de la vida con gracia y fortaleza. Inspirados en la milenaria filosofía estoica, podemos cultivar una mentalidad que nos permita enfrentar la adversidad con fuerza y sabiduría.

Epicteto, un destacado filósofo estoico, nos insta a entrenar nuestra mente para que se adapte a cualquier circunstancia. La vida está llena de giros inesperados, y la clave reside en no aferrarse a un plan rígido, sino en ser ingeniosos y flexibles. Aunque la educación contemporánea a menudo enfatiza estructuras inflexibles, el verdadero progreso surge de la capacidad de adaptarse y generar impulso frente a la incertidumbre. Reconocer que la vida no sigue un guion predefinido, sino que se trata de aprender a tomar las riendas de nuestras acciones, independientemente de las circunstancias.

Séneca, otro ilustre filósofo estoico, resaltó la importancia de pasar tiempo en soledad: "Nada demuestra mejor una mente bien ordenada que la capacidad de un individuo para detenerse en su propio espacio y pasar un tiempo en su propia compañía". La soledad ofrece una oportunidad para la reflexión, permitiéndonos conectarnos con nuestro ser interior y clarificar nuestros objetivos. Priorizar momentos de concentración solitaria es fundamental para desarrollar estabilidad emocional y concentración, pilares fundamentales de la resiliencia mental.

El estoicismo nos alienta a incorporarnos en la búsqueda del conocimiento, fomentando la paciencia y la perseverancia. Al igual que los estoicos practicaban la inmersión paciente en el aprendizaje, podemos cultivar nuestra fortaleza mental comprometiéndonos profundamente con nuestros objetivos. La terapia cognitivo-conductual contemporánea, inspirada en los principios estoicos, se centra en cambiar nuestras percepciones para mejorar nuestra resiliencia. Podemos aplicar esto a nuestras vidas invirtiendo en actividades significativas y minimizando las distracciones, lo que nos permitirá desarrollar carácter.

Marco Aurelio, enfatizó la importancia de la percepción: "Elige no ser herido y no te sentirás herido". La filosofía estoica nos enseña que los eventos en sí mismos no son inherentemente buenos ni malos; son nuestras interpretaciones las que moldean nuestras emociones. Al reconocer que tenemos control sobre nuestros juicios y reacciones, podemos fortalecer nuestra fortaleza mental eligiendo perspectivas que nos empoderen en lugar de aquellas que nos quiten poder.

Los estoicos entendían que el único dominio verdadero está en nuestros pensamientos. Acepta que no podemos controlar los eventos externos ni las acciones de los demás. En cambio, enfoca tu energía en tus pensamientos y respuestas deliberadas. Al dejar de lado el deseo de controlar lo que no podemos cambiar, nos liberamos de frustraciones innecesarias y desarrollamos resiliencia frente a los desafíos.

Los estoicos comprendían que la adversidad es una parte inherente de la vida y puede ser una oportunidad de crecimiento. Así como un músculo se fortalece a través de la resistencia, nuestra mente puede volverse más fuerte a través de los desafíos. En lugar de evitar las dificultades, abrázalas con una mentalidad de crecimiento. Este cambio de perspectiva nos permite enfrentar los contratiempos con coraje y determinación, lo que en última instancia fortalece nuestra fortaleza mental.

Control de los deseos y pasiones

Uno de los principios fundamentales del estoicismo es el control de los deseos y pasiones, una enseñanza que resuena en la necesidad contemporánea de gestionar el exceso de estímulos y mantener la claridad mental.

En esta filosofía, se enseña el arte de dominar los deseos y pasiones, cultivando la moderación y la sobriedad en cada aspecto de la vida. Este camino implica aprender a controlar los impulsos y evitar caer en excesos. Al practicar la moderación, se desarrolla una fortaleza interior que permite resistir las tentaciones y mantener el equilibrio emocional. La sobriedad se convierte en una luz que guía hacia la serenidad y la paz interior. En lugar de ser arrastrados por los caprichos del deseo, se cultiva una voluntad firme que elige conscientemente el camino del autocontrol y la virtud. Así, al dominar nuestros deseos y pasiones, nos liberamos de su dominio y alcanzamos una vida más plena y auténtica.

En la sociedad actual, caracterizada por una cultura de consumo y gratificación instantánea, el control de los deseos y pasiones se presenta como una habilidad indispensable para navegar por la vida con serenidad y propósito. El estoicismo nos enseña a practicar la moderación y la sobriedad en todas las áreas de nuestra existencia, desde nuestras relaciones personales hasta nuestras ambiciones profesionales, para evitar caer en la impulsividad o el exceso.

La moderación implica aprender a discernir entre lo que necesitamos y lo que simplemente deseamos. Nos desafía a reflexionar sobre nuestras acciones y decisiones, considerando las consecuencias a largo plazo en lugar de sucumbir a los placeres momentáneos. Al practicar la moderación, cultivamos una relación más equilibrada con el mundo que nos rodea, evitando los extremos que pueden llevarnos al desequilibrio emocional y espiritual.

La sobriedad, por otro lado, nos invita a mantenernos centrados y conscientes en todo momento. Nos recuerda la importancia de mantener la mente clara y enfocada, sin ser distraídos por las fluctuaciones de nuestros estados emocionales. Al desarrollar la sobriedad, podemos resistir la tentación de actuar impulsivamente en respuesta a nuestros deseos y pasiones, en su lugar, elegimos actuar con sabiduría y discernimiento.

Debido a que en el corazón del estoicismo está la idea de que nuestra felicidad y bienestar no están determinados por las circunstancias externas, sino por nuestra capacidad para responder a ellas de manera virtuosa. Aprender a controlar nuestras pasiones nos permite cultivar la virtud y la excelencia moral en nuestras vidas. En lugar de ser esclavos de nuestros impulsos, nos convertimos en maestros de nuestro propio destino, guiados por la razón y la virtud.

La práctica del autocontrol requiere disciplina y compromiso, pero los beneficios son inmensurables. Al dominar nuestros deseos y pasiones, encontramos una sensación de paz interior y satisfacción que trasciende las fluctuaciones del mundo exterior. Nos convertimos en arquitectos de nuestra propia felicidad, construyendo una vida fundamentada en la autenticidad y el propósito.

Una de las herramientas más poderosas que ofrece el estoicismo para controlar los deseos y pasiones es la práctica de la atención plena. La atención plena nos permite observar nuestros pensamientos y emociones sin juzgar, lo que nos ayuda a desarrollar una mayor autoconciencia y autodisciplina. Al estar presentes en el momento presente, podemos tomar decisiones conscientes y deliberadas, en lugar de reaccionar impulsivamente a nuestros impulsos.

En última instancia, el control de los deseos y pasiones nos permite vivir de acuerdo con nuestros valores más profundos y perseguir una vida de significado y propósito. Al practicar la moderación y la sobriedad, cultivamos una mayor autoestima y autoestima, lo que nos permite enfrentar los desafíos de la vida con coraje y determinación. En un mundo lleno de distracciones y tentaciones, el estoicismo nos ofrece un camino hacia la paz interior y la realización personal.

Capítulo 13: Celebrando el viaje de transformación

"Trabajar duro por algo que no te importa se llama estrés. Trabajar duro por algo que te importa de verdad, se llama pasión".

Simon Sinek

En el exigente mundo financiero, surge un nombre que resplandece con la marca de la maestría y el éxito: Warren Buffett. Originario del corazón de Estados Unidos, en Omaha, Nebraska, este icónico inversor y magnate ha trazado un camino de transformación personal que cautiva e inspira a millones en todo el mundo. ¿Cómo logró este hombre común, nacido el 30 de agosto de 1930, alcanzar las alturas que ocupa hoy en día en el firmamento financiero? La respuesta yace en su inigualable educación financiera, un viaje colmado de aprendizaje, tenacidad y perspicacia.

Desde sus días de juventud, Buffett exhibió una curiosidad voraz por el mundo de las finanzas. Creciendo en la década de 1940, una época de convulsión económica y renacimiento industrial, absorbió conocimiento como una esponja, ávido por comprender los misterios del dinero y la inversión. Su ciudad natal, Omaha, sirvió como el telón de fondo perfecto para su incesante búsqueda de conocimiento financiero.

Uno de los pilares fundamentales de la filosofía de inversión de Buffett se cimentó durante su estadía en la Universidad de Columbia en la década de 1950, bajo la tutela del legendario Benjamin Graham, autor de "El Inversor Inteligente". Aquí, se involucró en los principios del valor intrínseco y la inversión a largo plazo, semillas que germinaron y florecieron a lo largo de su vida.

Pero la verdadera epifanía de Buffett llegó en 1969, cuando se convirtió en el propietario mayoritario de Berkshire Hathaway, una compañía textil en declive con sede en Nueva Inglaterra. Este inversionista transformó dicha compañía en un gigante financiero, utilizando su enfoque singular de inversión y su visión estratégica para adquirir y consolidar una cartera de empresas diversificadas que abarcan una variedad de industrias.

A lo largo de los años, este empresario ha acumulado una fortuna que asciende a decenas de miles de millones de dólares, consolidándose como uno de los hombres más ricos del planeta según las listas de Forbes y Bloomberg. Sin embargo, más allá de las cifras astronómicas y los titulares estruendosos, la verdadera riqueza de Buffett radica en su sabiduría y humildad.

Desde su oficina modesta en Omaha, este personaje continúa siendo un estudiante voraz del juego financiero, devorando libros, informes anuales y análisis económicos con la misma pasión que lo hacía en sus primeros días. Su enfoque metódico y su habilidad para filtrar el ruido del mercado lo han convertido en un guía de estabilidad en un mercado de volatilidad.

La filosofía de inversión de Buffett, centrada en la adquisición de empresas sólidas a precios razonables y la celebración a largo plazo, ha sido una fuente de inspiración para inversionistas de todo el mundo. Su sencillez, humildad y ética de trabajo incansable son un recordatorio de que el éxito financiero no se trata solo de acumular riqueza, sino de crear un legado perdurable y dejar el mundo mejor de como lo encontramos.

En fin, la historia de Warren Buffett es un testimonio vívido de los poderes transformadores de la educación financiera, la perseverancia y la humildad. A través de las décadas, ha demostrado que el camino hacia la excelencia financiera no es una carrera de velocidad, sino una maratón de aprendizaje constante y crecimiento personal. Que su legado nos inspire a todos a invertir en nosotros mismos, a cultivar una mentalidad de abundancia y a alcanzar nuevas alturas de éxito y realización.

Por tal motivo es que en este apartado podremos enfocarnos en algunos de los aspectos más importantes desarrollados por este famoso hombre de negocios, como lo es Warren Buffett, motivo de la inspiración de este capítulo.

Formación inteligente: Edúcate en aquello que realmente te haga crecer

Vivimos en una era donde el acceso a la información y el conocimiento es más fácil que nunca. Sin embargo, a pesar de esta abundancia de recursos, parece que la sociedad actual está optando cada vez más por la ignorancia y la falta de cultura. ¿Por qué sucede esto?

La respuesta radica en entender que el verdadero bienestar personal proviene de cómo educamos nuestras mentes y qué contenidos introducimos en ellas. Mejorar nuestra condición económica, por ejemplo, no depende de la suerte, sino de nuestras habilidades y educación financiera. Es cierto que factores externos pueden influir, pero la base fundamental sigue siendo nuestra preparación.

Del mismo modo, muchos problemas de salud mental, como la ansiedad o la depresión, pueden atribuirse a la falta de inteligencia emocional. Este aspecto es a menudo descuidado en la educación formal, pero es fundamental para navegar por los desafíos emocionales de la vida.

La educación, en todas sus formas, es la base principal que define nuestra percepción del mundo y determina gran parte de nuestro éxito en diversos aspectos de la vida. No se trata solo de la educación académica, sino de cultivar una gama de habilidades y conocimientos que nos permitan prosperar en todos los ámbitos.

En este sentido, la educación emocional es esencial. Nosotros, como seres humanos, somos profundamente emocionales, y aprender a gestionar estas es clave para mantener nuestro bienestar mental y emocional. Nuestra propia experiencia demuestra cómo el desarrollo de esta habilidad puede transformar nuestras vidas, incluso en situaciones donde no contamos con recursos externos para buscar ayuda profesional.

Después de explorar la importancia de la educación emocional y académica, nos adentramos en otros tres tipos de educación igualmente vitales para nuestro desarrollo personal y profesional.

El segundo aspecto crucial es la educación académica. En la sociedad actual, existe la creencia de que las universidades son obsoletas y que seguir una carrera profesional es una pérdida de tiempo. Sin embargo, esta mentalidad ignora el valor fundamental de la formación académica. Aunque la universidad no garantiza el éxito, proporciona una base de conocimientos técnicos esenciales para cualquier proyecto o emprendimiento. Combina esta formación con tu pasión y sueños para alcanzar tus metas.

El tercer tipo de educación es la filosófica, que nos invita a reflexionar sobre cuestiones profundas como el propósito de la vida y la existencia. Esta capacidad de pensar críticamente nos ayuda a comprender el mundo que nos rodea y a tomar decisiones efectivas, desafiando las tendencias superficiales de la sociedad moderna.

La educación financiera, nuestra cuarta área de enfoque, es esencial para alcanzar la estabilidad económica. Desde conceptos básicos como el manejo del dinero hasta estrategias de inversión, dominar este conocimiento nos permite tomar decisiones financieras inteligentes y prosperar económicamente.

Finalmente, la educación interpersonal o social es primordial para nuestras relaciones humanas y la convivencia en sociedad. Aprender a conectar con los demás a través de la empatía y el respeto nos abre puertas tanto en lo personal como en lo profesional, permitiéndonos construir relaciones sólidas y encontrar oportunidades de crecimiento.

En fin, educarnos en estos cinco aspectos: emocional, académico, filosófico, financiero e interpersonal; nos empodera para enfrentar los desafíos de la vida con confianza y sabiduría. La educación es el camino hacia el progreso y la libertad, y nunca es tarde ni demasiado temprano para comenzar este viaje hacia el autodesarrollo y la realización personal.

Como enfocar nuestro conocimiento

Seleccionar en qué nos vamos a educar es fundamental para optimizar nuestro tiempo y maximizar nuestro potencial. Si bien es cierto que buscar aprender de todo puede resultar tentador, la realidad es que esa estrategia rara vez nos lleva a convertirnos en expertos en áreas específicas. La clave está en encontrar un equilibrio entre tener conocimientos generales y especializarnos en aquello que realmente nos apasiona y nos lleva hacia nuestros objetivos.

El tiempo es nuestro recurso más valioso y limitado, por lo que debemos ser cuidadosos con cómo lo invertimos. En lugar de dispersarnos en múltiples áreas, es más efectivo concentrarnos en una o unas pocas disciplinas que nos permitan profundizar y destacar. Al especializarnos, podemos desarrollar habilidades únicas y convertirnos en referentes en nuestro campo.

Una anécdota inspiradora que ilustra este principio es la historia de Elon Musk, uno de los empresarios más influyentes del mundo contemporáneo. Musk, conocido por su visión disruptiva y sus ambiciosos proyectos en áreas como la exploración espacial y la energía renovable, demostró desde joven un interés marcado por la tecnología y la innovación.

Durante su infancia en Sudáfrica, este mostró una fascinación por la programación de computadoras, lo que lo llevó a crear su propio videojuego a los 12 años. Esta pasión por la tecnología lo llevó a estudiar física y economía en la Universidad de Pensilvania, donde aprovechó al máximo su tiempo para profundizar en sus áreas de interés.

Después de graduarse, cofundó varias empresas exitosas, incluyendo PayPal, SpaceX y Tesla Motors, cada una centrada en áreas específicas donde él tenía un conocimiento profundo y una visión clara. Por ejemplo, SpaceX se especializa en la exploración espacial y la colonización de Marte, mientras que Tesla Motors se enfoca en la producción de vehículos eléctricos y baterías.

El enfoque disciplinado y la especialización de Musk le han permitido convertirse en un líder visionario en múltiples industrias, cambiando radicalmente el panorama tecnológico y empresarial. Su historia demuestra cómo la selección cuidadosa de qué nos vamos a educar, combinada con una dedicación implacable, puede llevarnos al éxito en nuestras metas más ambiciosas.

Al seguir el ejemplo de Musk y otros líderes visionarios, podemos aprender la importancia de enfocarnos en nuestras áreas de interés y especializarnos en aquello que nos apasiona. De esta manera, podemos aprovechar al máximo nuestro tiempo y recursos, y alcanzar nuestro máximo potencial en el ámbito personal y profesional.

Cultivo de la mentalidad de abundancia

Descubrimos que la gran mayoría de las personas en el mundo desperdician una parte significativa de su tiempo en actividades poco productivas. En otras palabras, muchas personas carecen de claridad sobre su propósito en la vida y no comprenden plenamente el significado de su existencia. Sin embargo, hoy te presentamos información que podría transformar por completo tu vida. Es hora de revelarte un gran secreto: tienes el poder de cambiar tu destino y alcanzar el éxito.

Es posible que te parezca una locura que alguien te imponga un horario o te diga cuándo debes jubilarte. La jubilación debería ser una elección personal, y antes de pensar en ello, es fundamental crear una fuente de ingresos sólida y estable. Pero, ¿cómo lograrlo? Antes de entrar en detalles, es importante comprender la relación entre el dinero y la abundancia.

Hace algunos años, un grupo de investigadores de la Universidad de Columbia llevó a cabo un estudio en los bancos de Nueva York. Observaron cómo se comportaba la gente al entrar y salir de los bancos y descubrieron que, en presencia de grandes sumas de dinero, las personas se volvían notablemente serias y moderadas. Este comportamiento sugiere que el dinero tiene un gran impacto en nuestras vidas y que es un componente fundamental de la abundancia.

Sin embargo, es relevante entender que el dinero en sí mismo no es ni bueno ni malo. Su valor depende del uso que le damos. Al igual que el agua o el fuego, el dinero puede ser beneficioso o perjudicial según cómo lo gestionemos. Por lo tanto, el secreto para crear abundancia radica en nuestra capacidad para utilizar el dinero de manera sabia y consciente.

Pero, ¿qué es realmente la abundancia? La abundancia es la capacidad de cubrir todas nuestras necesidades diarias y vivir una vida plena y satisfactoria. Al igual que cualquier otra cosa en el mundo físico, la abundancia está sujeta a leyes universales. Por ejemplo, la ley de la atracción establece que nuestras acciones y pensamientos tienen el poder de atraer hacia nosotros aquello en lo que nos enfocamos.

Imagina que estás sosteniendo un extremo de una cuerda y otra persona está sosteniendo el otro extremo. Si ejerces más fuerza que la otra persona, la cuerda se inclinará hacia tu lado. De manera similar, nuestra actitud y pensamientos determinan nuestra capacidad para atraer la abundancia hacia nosotros. La aplicación consciente de esta fuerza nos permite transformar nuestra realidad y crear la vida que deseamos.

Nuestros pensamientos y visualizaciones son como semillas que plantamos en nuestra mente. Si cultivamos pensamientos de abundancia y prosperidad, atraeremos hacia nosotros las condiciones necesarias para hacerlos realidad. Este principio fundamental explica cómo se materializan nuestros pensamientos en el mundo físico y cómo nuestras creencias y expectativas moldean nuestra realidad.

En la actualidad, los expertos en psicología han descubierto valiosa información sobre el funcionamiento de nuestra mente. Por ejemplo, se ha observado que los pensamientos que alimentamos y que penetran profundamente en nuestro subconsciente dejan una impresión directa en las células de nuestro cerebro. El subconsciente, a su vez, gestiona el flujo de pensamientos, transformando las imágenes mentales en realidades tangibles en el mundo físico.

Este proceso se asemeja al trabajo de un pintor que plasma sus imágenes imaginativas en un lienzo. La mente subconsciente, como hábil artista, toma las imágenes que le proporcionamos y las convierte en manifestaciones concretas en nuestra vida cotidiana. No discrimina entre imágenes buenas o malas; simplemente las procesa y trabaja para hacerlas realidad.

La mente subconsciente opera de manera similar a una computadora, cristalizando la realidad según la información que recibe, sin evaluar su contenido. Así, nuestras imágenes mentales tienen el poder de influir en la realidad física. Este proceso de materialización ocurre constantemente, en cada instante de nuestra existencia.

Si modificamos las imágenes que albergamos en nuestro subconsciente, transformaremos nuestra vida junto con ellas. Al mantener constantemente imágenes positivas de éxito y buena fortuna, atraeremos una energía positiva que se reflejará en una vida próspera y feliz. Por el contrario, aquellas negativas pueden conducirnos hacia la enfermedad, la infelicidad o la pobreza.

La elección está en nuestras manos. Podemos optar por mantener las imágenes actuales en nuestro subconsciente, reflejando nuestra vida presente, o podemos decidir cambiarlas para crear una realidad más satisfactoria. Este secreto ha sido probado y confirmado por numerosas personas a lo largo del tiempo, y cada vez que aplicamos esta técnica, observamos resultados tangibles.

Es importante que este conocimiento no permanezca como un secreto para la mayoría. Todos deberíamos ser conscientes de nuestros patrones mentales y estar dispuestos a modificarlos para alcanzar una vida de abundancia y prosperidad. Por lo tanto, te alentamos a compartir este conocimiento con tus seres queridos y amigos, ya que juntos podemos inspirar cambios significativos en la vida de muchas personas.

Como atraer el dinero

En épocas antiguas, la riqueza de una persona se medía por la cantidad de bienes tangibles que poseía, como ovejas o bueyes. Sin embargo, la evolución cultural y tecnológica ha simplificado este intercambio a través de métodos como los pagos online, haciendo más cómodo el proceso de pagar deudas.

Es importante reconocer que Dios no desea que vivamos en carencia o pasemos hambre, sino que aspiremos a la felicidad, la prosperidad y el éxito. Desde siempre, el éxito ha estado presente en los emprendimientos humanos, ya sea en la creación de estrellas o en la configuración del cosmos. Nuestros deseos de viajar, estudiar, y buscar oportunidades de desarrollo son manifestaciones naturales de nuestro impulso hacia el éxito.

Es fundamental desafiar y desechar las creencias supersticiosas que relacionan al dinero con la suciedad o la maldad. La condena hacia la riqueza solo aleja las oportunidades económicas de nuestra vida. Debemos comprender que la prosperidad es nuestro derecho natural y que no hay dignidad en la pobreza. La pobreza, más que una condición económica, es una limitación mental que debemos superar.

La visión del dinero como un símbolo de intercambio nos invita a entenderlo como un emblema de libertad, belleza, lujo y distinción. Es relevante liberarnos de los prejuicios que demonizan el dinero, como la idea de que amarlo es la raíz de todos los males. La abundancia económica, lejos de ser un fin en sí mismo, debe ser vista como un medio para alcanzar una vida más plena y satisfactoria.

La acumulación del dinero no debería ser motivo de miedo o ansiedad, sino un flujo constante que refleje nuestra salud financiera. Al igual que buscamos alimentar nuestro cuerpo y mente con alimentos espirituales como la paz, el amor y la armonía, debemos nutrir nuestra conciencia con la comprensión de la prosperidad y la abundancia. La riqueza es un estado mental condicionado por nuestra conexión con el flujo divino del universo.

Quienes entienden el funcionamiento de la mente subconsciente no temen a las fluctuaciones económicas ni a las incertidumbres del mercado, pues confían en la provisión divina que fluye incesantemente. La conciencia de la riqueza se basa en una fe inquebrantable en la presencia divina que guía y sustenta todas nuestras acciones. Al reconocer esta presencia y confiar en ella, experimentamos una prosperidad que supera cualquier expectativa.

Así como las aves del cielo confían en la provisión divina para su alimento, nosotros también podemos confiar en que seremos provistos más allá de nuestras necesidades más básicas. Al conectarnos conscientemente con la presencia divina y afirmar nuestra fe en su guía, alcanzamos una prosperidad que trasciende los límites de nuestra imaginación.

Aquí te presento una técnica sencilla para implantar la idea de una provisión constante de riqueza en tu mente subconsciente. Primero, procura calmar la agitación de tu mente y relájate. Trata de entrar en un estado mental meditativo y soñador, reduciendo al mínimo el esfuerzo. Una vez en este estado, reflexiona tranquilamente sobre algunas verdades simples. Pregúntate de dónde provienen tus ideas sobre la riqueza y dirige tu mente hacia una fuente única y poderosa.

Este ejercicio te prepara espiritualmente para comenzar a trabajar en tu mentalidad hacia la riqueza. Es importante reconocer que la riqueza es un estado mental, así que interioriza esta idea. Repite lentamente una frase como "El dinero siempre fluye libremente en mi vida" durante unos minutos cada día, especialmente antes de dormir. Con la práctica regular y metódica, esta idea comenzará a arraigarse en tu mente subconsciente, desarrollando una conciencia de la riqueza.

Sin embargo, la mera repetición mecánica no será suficiente para elevar tu conciencia de la riqueza. Debes comenzar a sentir la verdad de lo que afirmas y comprender por qué lo estás haciendo. Al principio, es posible que las personas con dificultades económicas no experimenten resultados positivos con afirmaciones como "Soy rico" o "Soy próspero", ya que pueden generar una sensación de insuficiencia que domina su mente. Es fundamental afirmar aquello en lo que tanto tu mente consciente como tu subconsciente están de acuerdo para evitar conflictos internos.

Los individuos espiritualmente avanzados que practican afirmaciones como "Soy próspero" o "Soy exitoso" con sinceridad y convicción obtienen resultados notables. Esto se debe a que comprenden que estas afirmaciones reflejan verdades eternas sobre la naturaleza divina de la abundancia y el éxito. Al identificarse con estas verdades universales, experimentan una transformación profunda en su mentalidad y, como resultado, en sus acciones.

Cómo crear sistemas para el logro de metas

Identifica procesos repetitivos en tu vida personal y profesional y busca formas de automatizarlos o mejorarlos, utilizando herramientas tecnológicas y la optimización de sistemas para ahorrar tiempo y energía.

Voy a profundizar en lo que quiero decir con tener un sistema de productividad en lugar de simplemente establecer metas. Para aquellos que no estén familiarizados con este concepto, un sistema básicamente consiste en una serie de hábitos que se repiten diariamente. La ventaja de esto radica en que al establecer actividades concretas y repetirlas todos los días, te estás comprometiendo con la acción y comenzando a hacer lo que realmente deseas.

En contraste, fijar metas generales como "quiero perder peso" o "quiero leer más" sin especificar cómo, cuándo o dónde, puede llevarte a quedarte estancado. Un sistema te permite alcanzar tus metas de manera más efectiva porque te involucra en acciones concretas de manera regular. No se trata solo de llegar al final y decir "lo logré", sino de integrar estas acciones en tu vida diaria de manera que se vuelvan automáticas e inconscientes.

El propósito de este contenido es ayudarte a crear tu propio sistema y mantenerlo a través de estos simples pasos:

Paso 1: Sé realista con tu tiempo. Es fundamental comenzar por una evaluación realista de tu tiempo y actividades diarias. Aquí hay algunas acciones que puedes tomar para implementar este paso:

- Identifica tus actividades diarias: Haz un inventario detallado de todas las actividades que realizas en un día típico, desde que te despiertas hasta que te acuestas. Incluye tanto las actividades personales como las profesionales.
- Prioriza tus actividades: Una vez que hayas identificado todas tus actividades, clasifícalas según su importancia y relevancia para tus metas y objetivos a largo plazo. Esto te ayudará a determinar qué actividades son esenciales y cuáles podrían ser eliminadas o delegadas.
- Comunica tus necesidades: Si es necesario, habla con tu familia, amigos o colegas sobre tus objetivos y la importancia de tu tiempo. Pídeles su apoyo y comprensión para que puedas dedicar el tiempo necesario a tus actividades prioritarias.

Ejemplo: Imagina que quieres empezar a ejercitarte regularmente para mejorar tu salud y estado físico. Después de evaluar tu tiempo, identificas que pasas mucho tiempo viendo televisión por las noches. Decides comunicar a tu familia tu deseo de reducir el tiempo de televisión para poder hacer ejercicio. Ellos te apoyan y acuerdan ver menos televisión para que puedas tener tiempo para tu rutina de ejercicios.

Paso 2: Establece las actividades de tu sistema. Una vez que tengas una idea clara de cómo quieres usar tu tiempo, es hora de definir las actividades específicas que formarán parte de tu sistema o rutina diaria. Aquí tienes algunos consejos para este paso:

- Sé específico: Identifica las actividades clave que te acercarán a tus metas y objetivos. Evita incluir demasiadas tareas para no abrumarte.
- Haz una lista de verificación: Crea una lista de verificación simple y clara con las actividades que deseas realizar cada día. Esto te ayudará a mantener el enfoque y a seguir tu sistema de manera consistente.
- Flexibilidad: Aunque es importante establecer actividades concretas, también es crucial ser flexible y estar dispuesto a ajustar tu sistema según sea necesario para adaptarse a cambios en tus circunstancias o prioridades.

Ejemplo: Siguiendo con el ejemplo anterior, decides establecer una rutina de ejercicio que incluya 30 minutos de caminata rápida o carrera todos los días después del trabajo, seguido de 15 minutos de estiramientos en casa. Estas actividades específicas formarán la base de tu sistema de ejercicio diario.

Paso 3: Establece tiempos realistas. Una vez que hayas identificado las actividades de tu sistema, es importante asignar tiempos realistas para cada una. Aquí hay algunas sugerencias para este paso:

- Mide el tiempo: Realiza un seguimiento del tiempo que te lleva realizar cada actividad durante varios días para tener una idea clara de cuánto tiempo necesitas para completarlas.
- Prioriza: Asigna más tiempo a las actividades más importantes y menos tiempo a las actividades menos críticas. Esto te ayudará a asegurarte de que estás dedicando suficiente tiempo a las áreas que más importan para ti.
- Se flexible pero firme: Ajusta tus tiempos según sea necesario, pero también mantén la disciplina y el compromiso para cumplir con tu sistema en la medida de lo posible.

Ejemplo: Después de realizar un seguimiento de tu tiempo durante una semana, descubres que necesitas aproximadamente 45 minutos para completar tu rutina de ejercicios cada día. Decides programar este tiempo en tu agenda después del trabajo para asegurarte de que puedas completar tu ejercicio de manera consistente.

Paso 4: Sé constante. La clave para mantener un sistema efectivo es la constancia y la disciplina. Aquí hay algunas estrategias para ayudarte a mantener la consistencia en tu sistema:

- Establece recordatorios: Utiliza alarmas, calendarios o aplicaciones de recordatorio para recordarte realizar tus actividades diarias en los momentos designados.
- Celebra tus logros: Reconoce y celebra tus logros y avances en el cumplimiento de tu sistema. Esto te ayudará a mantenerte motivado y comprometido a largo plazo.
- Ajusta cuando sea necesario: Si encuentras obstáculos o desafíos en el camino, no te desanimes. En su lugar, ajusta tu sistema según sea necesario y continúa adelante con determinación.

Ejemplo: Después de unas semanas siguiendo tu sistema de ejercicios, te sientes más enérgico y saludable. Para celebrar tu progreso, decides recompensarte con una cena especial o un día de descanso. Al mismo tiempo, te comprometes a ajustar tu sistema si surge algún obstáculo en el futuro, como el mal tiempo o un horario ocupado en el trabajo.

Con un buen sistema, se estará preparando para la mejora continua

Un buen sistema de productividad es fundamental para lograr una mejora continua en diversos aspectos de la vida. ¿Cómo funciona esto? La clave radica en la implementación de una serie de hábitos diarios que permiten un progreso real, en contraposición a simplemente establecer metas sin un plan concreto. Además, este enfoque es sostenible y adaptable, ya que puedes ajustar y modificar tu sistema según sea necesario para alcanzar los resultados deseados.

Steven Handel, autor y coach de superación personal en The Emotion Machine, destaca la diferencia entre sistemas y metas, explicando que los sistemas se centran en la sostenibilidad. Los sistemas no requieren alcanzar un punto específico, sino que son un enfoque de vida que se practica y se construye día a día. Esto los hace escalables y adaptables a las necesidades cambiantes.

Un sistema efectivo es la base para alcanzar objetivos a largo plazo. Por ejemplo, si el objetivo es establecer y hacer crecer un negocio exitoso, los sistemas son la clave para lograrlo. Estos sistemas implican procedimientos específicos, como la creación de productos, la contratación de empleados y la gestión financiera. Si solo te enfocas en alcanzar una meta sin tener un sistema sólido detrás, el éxito puede ser efímero. En cambio, sistematizar tu enfoque te permite identificar y corregir rápidamente los errores, así como replicar los éxitos.

Otra ventaja de los sistemas es su capacidad para involucrar a tu equipo en el plan general de la empresa. Mientras que los objetivos generales pueden ser difíciles de comunicar y motivar, los sistemas proporcionan una guía paso a paso que facilita la colaboración y la eficiencia. Incluso puedes involucrar a tu equipo en la creación y mejora continua de los sistemas, lo que fomenta un sentido de propiedad y compromiso.

Además, los sistemas permiten la creatividad en su implementación. En lugar de centrarse únicamente en objetivos concretos, puedes buscar constantemente formas innovadoras de mejorar tus sistemas. Incluso los cambios pequeños pueden marcar una gran diferencia a largo plazo, como lo demuestra el equipo de ciclismo británico con sus ajustes creativos que llevaron a múltiples victorias en el Tour de Francia.

Un aspecto clave de los sistemas es que fomentan una mentalidad a largo plazo. Al centrarte en el proceso en lugar de en un logro único, te comprometes a mantener buenos hábitos incluso después de alcanzar una meta específica. Esto te permite seguir cosechando beneficios a lo largo del tiempo y te motiva a seguir mejorando continuamente.

Además, un sistema te mantiene conectado a la realidad y te ayuda a mantener el enfoque en la acción. Al ver el progreso tangible que estás logrando a través de tus sistemas, experimentarás una mayor satisfacción y felicidad a largo plazo. En lugar de posponer la felicidad hasta que se alcance una meta, te permites disfrutar del proceso y encontrar alegría en el camino.

El sendero del inquebrantable

El Sendero del Inquebrantable es un viaje hacia la autodisciplina, la realización personal y el impacto duradero. Cada paso de este camino está diseñado para fortalecer tu cuerpo, mente y espíritu, asegurando que vivas una vida llena de propósito y significado.

Al nutrir tu energía vital, construir una fortaleza interna, cultivar relaciones enriquecedoras, desarrollar tu autoestima, definir una visión clara, innovar con creatividad y adaptabilidad, y finalmente, dejar un legado impactante, te conviertes en el arquitecto de tu destino.

Veamos juntos los pasos:

Paso 1: Energía vital

"Tu energía es la gasolina que alimenta tu motor interno."

La energía vital es el fundamento sobre el cual se construyen todos los aspectos de tu vida. Para alcanzar tus metas y mantener una alta calidad de vida, es esencial que tu cuerpo y mente estén llenos de vitalidad. Esto se logra a través de prácticas diarias que nutran tu ser y aseguren que siempre estés operando a tu máximo potencial.

1. Alimentación Consciente: La comida es más que simple sustento; es el combustible que impulsa tu vida. Al elegir alimentos ricos en nutrientes, estás dándole a tu cuerpo lo que necesita para rendir al máximo. Haz de la alimentación saludable un pilar en tu rutina, incorporando una dieta equilibrada rica en frutas, verduras, proteínas magras y granos enteros. Recuerda, la manera en que te alimentas refleja cómo te valoras a ti mismo.

2. Sueño Restaurador: El descanso es tan vital como el aire que respiras. Un sueño de calidad es la herramienta más poderosa para regenerar tu cuerpo y tu mente. Desarrolla una rutina nocturna que te permita relajarte antes de dormir. Desconéctate de las pantallas, crea un ambiente tranquilo y asegúrate de dormir las horas necesarias para que tu cuerpo y mente se recuperen por completo. El sueño reparador es la base de una mente clara y un cuerpo fuerte.

Paso 2: Fortaleza interna

"La verdadera fortaleza viene de conocer y dominar tu interior."

La fortaleza interna no se mide por la ausencia de desafíos, sino por la capacidad de enfrentarlos con resiliencia y calma. Dominar tu mente y emociones es esencial para mantener el equilibrio en medio del caos y avanzar con determinación hacia tus metas.

3. Mindfulness y Meditación: La atención plena y la meditación son prácticas que te permiten conectarte con el presente, reducir el estrés y encontrar claridad mental. Dedica tiempo cada día a enfocarte en tu respiración, observando tus pensamientos sin juzgarlos. Esta práctica regular te ayudará a mantenerte centrado y a responder a las situaciones con sabiduría, en lugar de reaccionar impulsivamente.

4. Gestión Emocional: Conocer y gestionar tus emociones es un signo de verdadera fortaleza. Desarrolla la habilidad de reconocer tus emociones a medida que surgen y adopta estrategias para gestionarlas de manera constructiva. Esto incluye la práctica de técnicas de respiración, la auto-reflexión y la búsqueda de apoyo cuando sea necesario. Una gestión emocional eficaz te permitirá enfrentar desafíos con una mente clara y un corazón sereno.

Paso 3: Relaciones enriquecedoras

"Las relaciones son el reflejo de tu mundo interior."

Las relaciones que mantienes son un espejo de tu vida interior. Cultivar conexiones significativas y enriquecedoras es crucial para tu crecimiento personal y profesional. Las relaciones positivas te inspiran, te apoyan y te motivan a ser la mejor versión de ti mismo.

5. Construcción de Redes: Rodéate de personas que te inspiren y te impulsen a alcanzar tus metas. Construye relaciones basadas en el respeto mutuo, la confianza y el apoyo. Participa activamente en comunidades que compartan tus valores y aspiraciones. Estas redes no solo te brindarán apoyo emocional, sino que también te ofrecerán nuevas perspectivas y oportunidades.

6. Comunicación Efectiva: La comunicación es el puente que conecta las mentes y los corazones. Mejora tus habilidades de comunicación para expresar tus pensamientos y emociones de manera clara y efectiva. Aprende a escuchar con empatía y a resolver conflictos con una actitud constructiva. Una comunicación efectiva fortalece las relaciones y facilita la colaboración y el entendimiento mutuo.

Paso 4: Autoestima y valor personal

"Tu percepción de ti mismo define tu realidad."

La forma en que te ves a ti mismo determina las decisiones que tomas y las acciones que emprendes. Cultivar una autoestima saludable es fundamental para vivir una vida plena y alcanzar tus metas. Tu valor personal no depende de factores externos, sino de cómo te valoras internamente.

7. Autoafirmación: Reconocer y celebrar tus logros, por pequeños que sean, es clave para construir una autoestima sólida. Practica la gratitud diariamente, enfocándote en lo que has logrado y en las cualidades que te hacen único. Mantén un diario donde registres tus éxitos y reflexiones sobre ellos. Esta práctica te ayudará a reforzar tu confianza y a mantener una perspectiva positiva.

8. Desarrollo de Competencias: Invertir en tu desarrollo personal y profesional es una de las mejores maneras de fortalecer tu autoestima. Dedica tiempo a aprender nuevas habilidades y a perfeccionar las que ya tienes. Al hacerlo, aumentas tu valor y te preparas para aprovechar nuevas oportunidades. La mejora continua es la clave para sentirte competente y seguro de ti mismo en cualquier situación.

Paso 5: Visión y propósito

"Una visión clara es el mapa hacia tu destino."

Tener una visión clara y un propósito definido te proporciona un sentido de dirección y significado en la vida. Cuando sabes hacia dónde te diriges y por qué, cada paso que das cobra sentido. Este enfoque te ayuda a mantenerte motivado y a superar los obstáculos con determinación.

9. Definición de Propósito: Descubrir tu propósito de vida es esencial para encontrar verdadera satisfacción. Reflexiona sobre lo que te apasiona, lo que te inspira y cómo puedes contribuir al mundo de manera significativa. Tu propósito es la razón por la cual te levantas cada mañana con entusiasmo y te impulsa a seguir adelante, incluso en los momentos difíciles.

10. Metas Inspiradoras: Una vez que hayas definido tu propósito, establece metas claras que estén alineadas con él. Estas metas deben ser específicas, alcanzables y divididas en pasos manejables. Tener un plan bien estructurado te permitirá avanzar con confianza y medir tu progreso a lo largo del camino. Las metas inspiradoras son el combustible que te impulsa hacia la realización de tu visión.

Paso 6: Innovación y adaptabilidad

"La innovación y la adaptabilidad son las llaves del crecimiento continuo."

En un mundo en constante cambio, la capacidad de innovar y adaptarse es crucial para el éxito a largo plazo. Aquellos que se mantienen flexibles y creativos frente a los desafíos no solo sobreviven, sino que prosperan. La innovación te permite encontrar nuevas soluciones, mientras que la adaptabilidad te ayuda a aceptar el cambio como una oportunidad para crecer.

11. Creatividad Diaria: Fomentar la creatividad en tu vida cotidiana te abre a un mundo de posibilidades. Busca nuevas maneras de abordar viejos problemas, experimenta con ideas innovadoras y no tengas miedo de pensar fuera de la caja. La creatividad no solo te permitirá encontrar soluciones más efectivas, sino que también enriquecerá tu vida al agregarle un toque de novedad y emoción.

12. Mentalidad Flexible: Desarrolla una mentalidad abierta y adaptable que te permita enfrentar los cambios con positividad. En lugar de resistir el cambio, acéptalo como una oportunidad para aprender y crecer. Mantén una actitud de curiosidad y disposición para aprender de cada situación. La flexibilidad mental es la clave para navegar con éxito en un mundo en constante evolución.

Paso 7: Impacto y legado

"El verdadero éxito se mide por la huella que dejas en los demás."

El éxito personal cobra un significado más profundo cuando se convierte en un impacto positivo en la vida de los demás. Crear un legado duradero es el resultado de vivir con propósito y contribuir de manera significativa al bienestar de otros. Tu legado es la historia que dejas atrás, una que puede inspirar y empoderar a las futuras generaciones.

13. Contribución Significativa: Busca maneras de hacer una diferencia en tu comunidad y en el mundo. Esto puede ser a través de actos de servicio, compartir tus conocimientos o liderar proyectos que beneficien a otros. Al contribuir de manera significativa, no solo enriqueces la vida de los demás, sino que también encuentras un sentido más profundo en tu propia vida. Tu legado es la huella que dejas en el mundo, y esa huella tiene el poder de inspirar y transformar vidas. Considera cómo quieres ser recordado y qué impacto deseas dejar en el mundo. Reflexiona sobre las acciones y decisiones que tomas a diario y cómo estas contribuyen a la construcción de tu legado.

Reflexión Final

Para culminar quiero que sepas que este viaje no es solo acerca de alcanzar el éxito personal, sino de trascender ese éxito para influir positivamente en el mundo que te rodea. Al seguir estos pasos, te aseguras de que tu vida tenga un impacto profundo y duradero en los demás. "El Sendero del Inquebrantable" es más que un camino hacia el éxito; es un compromiso con la excelencia personal y la contribución significativa que define tu verdadero legado.

Conclusiones

A lo largo de este libro, hemos explorado diversos aspectos clave para lograr una transformación personal efectiva y duradera. Desde despertar nuestro ser interior hasta cultivar una mentalidad positiva, gestionar nuestras emociones y descubrir nuestro propósito de vida, cada capítulo ha brindado herramientas y estrategias prácticas para que el lector pueda emprender su propio viaje de crecimiento y evolución.

La perspectiva fundamental de esta obra es que la transformación personal puede lograrse de manera efectiva sin requerir una gran inversión de energía ni tiempo. A través de la implementación gradual y constante de los aprendizajes aquí presentados, el lector podrá experimentar cambios significativos en su vida, sin tener que someterse a procesos exhaustivos o abrumadores.

Para llevar estos conocimientos a la práctica de manera efectiva, se recomienda:

- Integrar los conceptos de manera holística: No se trata de aplicar cada aspecto de manera aislada, sino de entender cómo todos los elementos se interconectan y se potencian mutuamente para lograr una transformación integral.
- Comenzar con pequeños pasos: Elegir una o dos áreas de enfoque iniciales y trabajar en ellas de manera constante, antes de ir ampliando el alcance de los cambios. La transformación es un proceso gradual y sostenido.
- Cultivar la paciencia y la perseverancia: Recuerda que el cambio verdadero toma tiempo y esfuerzo. Mantén una actitud de autocompasión y celebra los pequeños avances, sabiendo que cada paso te acerca más a la persona que deseas ser.

Para ampliar tus conocimientos y profundizar en tu viaje de transformación personal, te recomendamos:

- Participar en cursos y talleres especializados en desarrollo personal, inteligencia emocional y gestión del estrés.
- Asistir a charlas y conferencias impartidas por expertos en temas de bienestar, propósito de vida y mindfulness.
- Unirte a redes y comunidades de personas afines que compartan tu interés por la transformación personal.
- Explorar foros y grupos de discusión en línea donde puedas intercambiar ideas, experiencias y recursos con otros en un proceso similar.
- Considerar la posibilidad de trabajar con un coach o mentor que pueda guiarte y acompañarte en tu proceso de crecimiento.

Que este libro sea el inicio de una transformación personal profunda y duradera. Que cada paso que des te acerque más a la versión más auténtica y plena de ti mismo.

Alexander Vásquez

Nació el 28 de noviembre de 1980. Casado con la Venezolana Carla Arguello desde hace 11 años, madre de dos de sus tres hijos.

Proviene de una familia humilde, pero con muchos valores y principios, siempre soñó con viajar y ser una persona reconocida en el mundo, pero la vida le demostró que para lograrlo debía pasar muchas pruebas, a la edad de 14 años tuvo que comenzar a trabajar en el campo en una hacienda de su familia y desde ese momento entendió que había nacido para algo mejor que ser un empleado.

En el 2018 llega a Estados Unidos donde comienza como cualquier persona, como conductor de Uber y trabajando construcción, logrando aprender el oficio del electricista y abriendo su propia compañía la cual hoy día cuenta con más de 60 personas a las que él llama asociados.

A pesar de su éxito con el V-TEAM, cómo suelen llamar él y su socio a su empresa, Alexander decide comenzar el mundo de Bienes Raíces pasando por diferentes escuelas donde no consigue lo que busca.

Hasta que encuentra "Ganadores Inversiones Bienes Raíces", dónde aprendió cómo funciona el negocio y en su primer año logró involucrarse en 14 deals (negocios) y es así como obtiene su oportunidad de ser mentor dentro de esta comunidad liderada por el Sr. Richard Álvarez.

Luego pasa a ser consultor del equipo de expertos de esta hermosa comunidad de latinos, hoy en día Alexander Vásquez es uno de los speaker de esta comunidad que se dedica ayudar a cientos de personas semanas tras semanas y su único objetivo es despertar al latino y que todos puedan ser Ganadores.

También es dueño de varias empresas de inversión en bienes raíces dedicadas a la estrategia de fix and flip y Rentas.

Alexander Vásquez es abogado de profesión, posee diplomados como consultor empresarial, líder estratégico y liderazgo empresarial. Así como cursos en el área de formación de equipos de alto rendimiento, entre muchos otros.

En la actualidad se encuentra realizando un máster en Administración de Empresas y Finanzas en Florida, EE.UU.

Alexander Vásquez, aparte de **"Espejo: Como te ves te ven"**, también es el autor de los libros:

- El poder de enfrentar tus miedos: 13 claves para superar todos tus temores e inseguridades.
- Secretos de una mente exitosa: una guía definitiva para lograr una transformación integral y alcanzar tus metas.
- 13 claves para gestionar tu tiempo de manera efectiva: alcanza tus metas y atrae el éxito.
- Transformación tr3ce: Controla el poder de tu mente.

Bibliografía

1. Tolle, Eckhart. The Power of Now: A Guide to Spiritual Enlightenment. Namaste Publishing, 1997.

2. Dweck, Carol S. Mindset: The New Psychology of Success. Random House, 2006.

3. Goleman, Daniel. Emotional Intelligence: Why It Can Matter More Than IQ. Bantam Books, 1995.

4. Seligman, Martin E. P. Flourish: A Visionary New Understanding of Happiness and Well-being. Free Press, 2011.

5. Covey, Stephen R. The 7 Habits of Highly Effective People. Free Press, 1989.

6. Hyman, Mark. Food: What the Heck Should I Eat? Little, Brown Spark, 2018.

7. Brown, Brené. The Gifts of Imperfection: Let Go of Who You Think You're Supposed to Be and Embrace Who You Are. Hazelden Publishing, 2010.

8. Csikszentmihalyi, Mihaly. Creativity: Flow and the Psychology of Discovery and Invention. HarperCollins, 1996.

9. Neff, Kristin. Self-Compassion: The Proven Power of Being Kind to Yourself. William Morrow, 2011.

10. Duckworth, Angela. Grit: The Power of Passion and Perseverance. Scribner, 2016.

11. Covey, Stephen R., Merrill, A. Roger, & Merrill, Rebecca R. First Things First. Free Press, 1994.

12. Holiday, Ryan. The Daily Stoic: 366 Meditations on Wisdom, Perseverance, and the Art of Living. Portfolio, 2016.

13. Canfield, Jack. The Success Principles: How to Get from Where You Are to Where You Want to Be. William Morrow, 2005.

14. Kabat-Zinn, Jon. Wherever You Go, There You Are: Mindfulness Meditation in Everyday Life. Hachette Books, 1994.

15. Hanson, Rick, & Hanson, Forrest. Resilient: How to Grow an Unshakable Core of Calm, Strength, and Happiness. Harmony, 2018.

16. Frankl, Viktor E. Man's Search for Meaning. Beacon Press, 1959.

17. Dispenza, Joe. Breaking the Habit of Being Yourself: How to Lose Your Mind and Create a New One. Hay House, 2012.

18. Lipton, Bruce H. The Biology of Belief: Unleashing the Power of Consciousness, Matter & Miracles. Hay House, 2005.

19. Hanh, Thich Nhat. The Art of Communicating. HarperOne, 2013.

20. Clear, James. Atomic Habits: An Easy & Proven Way to Build Good Habits & Break Bad Ones. Avery, 2018.

21. Harvey, Steve. Jump: Take the Leap of Faith to Achieve Your Life of Abundance. Amistad, 2016.

22. Cameron, Julia. The Artist's Way: A Spiritual Path to Higher Creativity. TarcherPerigee, 1992.

23. Chopra, Deepak. The Seven Spiritual Laws of Success: A Practical Guide to the Fulfillment of Your Dreams. Amber-Allen Publishing, 1994.

24. Pink, Daniel H. Drive: The Surprising Truth About What Motivates Us. Riverhead Books, 2009.

25. Brown, Brené. Dare to Lead: Brave Work. Tough Conversations. Whole Hearts. Random House, 2018.

26. Scharmer, C. Otto. Theory U: Leading from the Future as It Emerges. Berrett-Koehler Publishers, 2007.

27. Manson, Mark. The Subtle Art of Not Giving a Fck: A Counterintuitive Approach to Living a Good Life.* HarperOne, 2016.

28. Dyer, Wayne W. Change Your Thoughts - Change Your Life: Living the Wisdom of the Tao. Hay House, 2007.

29. Sinek, Simon. Start with Why: How Great Leaders Inspire Everyone to Take Action. Portfolio, 2009.

30. Brown, Brendon. High Performance Habits: How Extraordinary People Become That Way. Hay House, 2017.

Artículos y Recursos Académicos:

1. Fredrickson, B. L., & Joiner, T. (2002). Positive emotions trigger upward spirals toward emotional well-being. Psychological Science, 13(2), 172-175.

2. Snyder, C. R., Rand, K. L., & Sigmon, D. R. (2002). Hope theory: A member of the positive psychology family. In C. R. Snyder & S. J. Lopez (Eds.), Handbook of positive psychology. Oxford University Press.

3. Maslow, A. H. (1943). A theory of human motivation. Psychological Review, 50(4), 370-396.

4. Ryff, C. D., & Singer, B. (1998). The contours of positive human health. Psychological Inquiry, 9(1), 1-28.

5. Deci, E. L., & Ryan, R. M. (2000). The "what" and "why" of goal pursuits: Human needs and the self-determination of behavior. Psychological Inquiry, 11(4), 227-268.

6. Kabat-Zinn, J. (2003). Mindfulness-based interventions in context: Past, present, and future. Clinical Psychology: Science and Practice, 10(2), 144-156.

7. Bonanno, G. A. (2004). Loss, trauma, and human resilience: Have we underestimated the human capacity to thrive after extremely aversive events? American Psychologist, 59(1), 20-28.

8. Sheldon, K. M., & Lyubomirsky, S. (2006). How to increase and sustain positive emotion: The effects of expressing gratitude and visualizing best possible selves. The Journal of Positive Psychology, 1(2), 73-82.

9. Lazarus, R. S., & Folkman, S. (1984). Stress, appraisal, and coping. Springer.

10. Carver, C. S., & Scheier, M. F. (1998). On the self-regulation of behavior. Cambridge University Press.

Made in the USA
Columbia, SC
10 September 2024